近代中日關係史料彙編

國民政府北伐後
中日外交關係

Historical Documents on Modern Sino-Japanese Relations

Sino-Japanese Relations After the Northern Expedition

近代中日關係史料彙編 總序

呂芳上
民國歷史文化學社社長

一

日本是中國的近鄰，也是強鄰，中日之間一衣帶水，本應唇齒相依，共營孫中山的大亞洲主義，互助互榮；也大可以在一念之間，分出蔣介石所規勸的敵乎友乎，和睦共處，以臻東亞大同境界。但日本國力強大之後，不此之圖，選擇走向侵略、走向戰爭，對鄰邦由蠶食而鯨吞，結果釀成的是你傷我殘的悲劇。

中日關係的發展，遠的不提，辛亥革命時，日本原有干涉意圖不果，改採兩面外交，著重者在滿洲特殊權益。1914 年一戰爆發，次年日方即向袁政府提出二十一條要求，嚴重妨礙中日正常外交的推進。二十一條交涉甫告段落，日本又為洪憲帝制，蛇鼠兩端，迫得袁世凱含恨以終。其後復對北洋政府在參戰、借款問題及和會、山東問題上，施其詭譎伎倆，導致五四運動的發生。1921 年的華盛頓會議，九國公約中，日本雖在特殊利益上，沒獲多大斬獲，但日本遍及東北、華北的軍事部署，其有恃無恐、肆意在華

擴張的野心，已相當明顯。

1926 年，在南方的國民革命軍，揮師北指，很快的統一中國，這不是對中國抱持野心的日本所樂見的事，於是中日關係走入新的階段。

二

1920 年代初期，在南方的國民黨勢力崛起，1926年國民政府開府廣州，接著北伐，1927 年定都南京，於是中國對內、對外新局面形成。1927 至1952 年間，自北伐後中日談判重訂關稅、出兵山東開始，中經九一八、上海事件、華北事變、蘆溝橋事變，以迄戰爭結束、簽訂和約，具見日本以強國步步進逼，盛氣凌人，中國則以弱勢對應，先是退讓、容忍，終以干戈相見，最後日本以敗戰自食惡果。

1961 年，逢中華民國建國五十年，民間各界特別組成「中華民國開國五十年文獻編纂委員會」，負責出版各類叢書，其中之一是1964 年至1966 年以「中華民國外交問題研究會」為名編印之《中日外交史料叢編》一套九種。這套《叢編》基本上以國民政府外交檔案為主，北京政府外交檔案為輔編成。雖不能對兩國從文爭到武鬥的材料，作鉅細靡遺的羅列，但對兩國關係的重大起伏，實已提供學界深入研究的基礎史料。本社鑒於這套《叢編》對近代中日關係具有很高的史料價值，除聘請學者專家新編「華北事變」資料專輯附入外，特別以《中日外交史料叢編》九種為基礎，重新增刪並編輯彙成《近代中日關係史料彙編》

（以下簡稱《彙編》），以方便學界利用。

三

　　這套《彙編》，共含十五個主題概分為十七冊，包含約四千種文獻、三百萬字：一、《一九三〇年代的華北特殊化》本社最新輯編本，分三冊，由黃自進、陳佑慎、蘇聖雄主編，除利用外交部檔案外，並加入國史館庋藏之蔣中正總統文物相關史料。主要內容，包括長城戰役與塘沽協定（1933）、通航、通車、通郵交涉（1934）、華北特殊化與華北自治運動（1933-1935）、河北事件與南京政府退出華北（1935）、宋哲元與冀察政權（1935）、中日國交調整（1933-1935）、全面戰爭的前奏（1936）等，這三本資料集希望以豐富史料，重新探索1930年代中日、內外各方勢力競逐下的華北問題。二、《國民政府北伐後中日外交關係》19世紀中葉以後，西方勢力進入中國，因國力懸殊，中國頓成列強瓜分角逐場所，不平等條約既是帝國主義勢力的依憑，也是中國近代民族主義油然而生的根由。廢除不平等條約既是國民革命目標，北伐後爭取國際地位平等是國民政府外交努力的方向，也是中國與列強爭執的焦點。這本資料集可以看出中日雙方為長期的、偶發的政策或事件，形成外交角力的過程。主要內容有：國民政府定都南京後外交政策宣言（1927）、日本退還庚款及運用交涉（1929-1931）及中日重訂關稅協定（1926-

1935）。三、《國民政府北伐後中日直接衝突》北伐
進行過程中，發生若干涉外事件，本冊所輯南京事
件（1927-1934）、漢口事件（1927-1931）、日本第
一、二次出兵山東（1927-1929）、萬寶山事件與中村
事件（1931-1932）均與日本有關。四、《九一八事
變的發生與中國的反應》侵略滿蒙，進而兼併中國，
是日本大陸政策的目標，甲午戰爭、日俄戰爭均是向
外擴張的北進政策，1931年的瀋陽事變是日本北進
的高峰，更是二次大戰前奏。當時政府為應付嚴重變
局，特在中央政治會議內成立「特種外交委員會」，
自1931年9月至12月，共召開五十九次會議，本冊收
錄了這一重要會議的會議紀錄。五、《九一八事變後
日本對華的破壞與侵逼》九一八事變之後，日本侵華
腳步未曾停止，所謂「得寸進尺」差可形容，本冊所
輯資料，重在日軍繼續挑釁（1932-1933）、日軍暴行
與中國損失（1931-1933）、日本在東北破壞中國行政
權完整（1932）。六、《日軍侵犯上海與進攻華北》
1932年，日本藉口上海排斥日貨，嗾使日本浪人及
海軍陸戰隊滋事，毆人縱火、殺死華警。上海市府提
出抗議，日領反稱日本和尚五人被毆，提出反抗議，
要求中方道歉、賠償、懲兇、制止反日行動。1月28
日，日方迫令中國軍隊退出閘北，隨即向中方開火，
是為淞滬戰役。歷時月餘，5月初始成立停戰協定。
事實上，九一八事變後，日軍節節進迫，進攻熱河，
侵擾察冀，無底於止；中方則忍辱負重，地方飽受戰
火蹂躪，中央遭受輿論撻伐，中日關係瀕臨破裂。本

資料集收錄日軍侵犯上海之一二八事變（1932）、進
犯熱河（1932-1935）、侵擾察冀及河北事件致有「塘
沽協定」，及所謂「何梅協定」（1933-1935）等文
件的簽訂。七、《蘆溝橋事變前後的中日外交關係》
廣義的第二次中日戰爭，始於1931年九一八事變，
止於1945年日本投降。十四年間又可分為兩階段：
九一八至七七（1931-1937）中國是屬備戰、局部抵
抗時期，日方是侵犯、挑釁期；七七之後中國是全面
抗戰，日方則陷入戰爭泥沼期。前六年中日關係有戰
有和，中方出於容忍、訴諸國際調停者多，後八年中
方前四年獨立作戰，後四年與盟國協同作戰，對內對
外，對敵對友的諸多交涉，交件中充分顯示戰前與戰
爭外交的複雜面貌。本冊主要內容包含：（一）七七
事變前的中日交涉（1934-1937），涉及廣田三原則、
共同防共及滿洲國承認問題。（二）事變前日方的挑
釁（1934-1936），又包括藏本事件、香河事件、成
都事件、日人間諜行為等。（三）從七七到八一三
（1937-1938），指的是全面抗戰爆發前後的中日衝
突，例如蘆溝橋事變的發生、交涉、日本中國撤僑、
八一三虹橋事件及戰事發展等。八、《蘆溝橋事變後
中國向國際的申訴》七七事變後中日軍事衝突加劇，
但鑒於雙方勢力懸殊，中國仍寄望透過國際干涉以制
止日本侵華野心。本冊文件集中在中國向國聯控訴日
本侵略（1937）。內容包括是年9月13日中國向國聯
提出對日控訴始末。其間涉及國際間聲援、九國公約
會議種種相關資料。九、《滿洲國的成立與國聯對日

本侵華的處理》1931 年九一八事變後，因國聯不能有
效制裁日本的侵略行動，日本乃放膽實施侵吞中國計
畫，一方取速戰速決之策，以亡中國；一方為掩人耳
目，實行以華制華之計，製造傀儡組織。1932 年滿洲
國之成立到1938 年扶植汪偽，均此之圖。本集主要內
容有偽滿洲國的成立經過（1932-1935）；中國控訴、
國聯之處理（1931-1933）。十、《偽組織的建立與各
國態度》本冊文件集中在華北自治問題（1935-1937）
及南京偽政權（1938-1943）之醞釀與成立。十一、
《抗戰時期封鎖與禁運事件》戰爭發生後，可注意的
事有三，一是受戰爭影響的敵境及海外華人權益維護
問題、敵僑處理及外僑保護，二是敵人對鄰近地區的
禁運、控制，三是盟國以自身利益出發的措施如何影
響中國。大抵言之，國民政府與同盟國結盟，提升了
國際地位，也保障戰後國際角色的演出。不過，同
盟關係也有摩擦和困擾，例如美國中立法案（1939-
1941）、英國封鎖緬甸運輸通路（1940）對中國造成
的損害。本集資料內容即包括：一、戰時中國政府的
護僑、護產措施；二、日本對東南亞的控制，如越南
禁運、封鎖緬甸、控制泰國；三、美國中立法案、禁
運法案及與日使野村談判；四、1940 到1945 年間日蘇
關係的轉變等。十二、《日本投降與中蘇交涉》1945
年8 月14 日，日本投降，上距七七有八年，距九一八
為時十四年，距甲午之戰五十一年，「舉凡五十年間
日本所鯨吞蠶食於我國家者，至是悉備圖籍獻還。全
勝之局，秦漢以來所未也」。中國戰勝意義自是重

大，但蔣中正委員長在當天廣播中，則不無憂慮的指
出：「抗戰是勝利了，但是還不能算是最後的勝利。」
顯然國共關係惡化、戰犯處置之外，東北接收與中蘇
交涉等棘手問題，均將一一出現。本集資料重在日本
投降經過，接收東北、接收旅大與中蘇交涉，張莘夫
被害案（1945-1947）。十三、《戰爭賠償與戰犯處
理》包含1943年同盟國準備成立戰爭罪行調查會至
1948年中國戰犯處理委會工作報告相關文件。十四、
《金山和約與中日和約的關係》交戰雙方和約簽訂，
戰爭才算結束。中華民國對日和約，遲至1952年日
降後六年又八個月才在臺北簽字，原因涉及戰後中國
變局。1945年日本敗降，1949年12月，中國共產黨
勢力席捲大陸，中華民國政府退守臺灣，這時蘇聯在
東亞勢力擴張，國際局勢鉅變，戰勝的中、美、英、
蘇、法五強，對東亞新秩序的建立，有複雜考量，同
盟52國在舊金山召開對日和會，直到1951年9月8日，
才有蘇、波、捷之外的49國參與簽訂的金山和約。
當時中華民國未獲邀參加，次年（1952）4月28月在
臺北正式簽訂中華民國對日和約，結束了中華民國與
日本的戰爭狀態。由於戰後美國在東亞扮演舉足輕重
的角色，因此也可看到中、美、日三方外交穿梭的足
跡。本集資料主要有一、中國對金山和約立場表示
（1950-1952）與金山和約的簽訂；二、中日雙邊和約
前的籌議，包括美方意向、實施範圍、中日雙邊交涉
及名稱問題的討論。十五、《中華民國對日和約》二
戰結束後，冷戰接踵而來，1949年後中國形成一國兩

府的分裂局面，蘇、英、美對誰能代表中國與日本簽訂和約有分歧看法，1950年韓戰爆發，英、美獲得妥協，同盟國對日舊金山和會不邀中國參加，在美方折衝下，日本決定與中華民國政府商訂雙邊條約。1952年2月，日代表河田烈與中華民國外交部長葉公超在臺北磋商，最後雙方簽訂「中華民國與日本國間和平條約」，雙方互換大使，直到1972年9月，遷移臺灣的中華民國政府與日本維持了約二十年的正式外交關係。這本資料集彙聚雙邊和會的一次籌備會、十八次非正式會議及三次正式會議紀錄，完整呈現整個會議自籌備至締約的過程，史料價值極高。

四

如果說抗日戰爭是八年，那麼九一八後的六年是中國忍氣吞聲、一再退讓的隱忍時期，七七事變應是中國人吃盡苦頭、退無可退的情況下，為求生存而奮起的開端，此後的九十七個月，在烽火下的中國百姓，過的何止漫漫長夜。八年中前五十三個月，中國孤軍奮鬥，後四年才有盟軍並肩作戰，其間大小戰鬥無數，國軍確實是勝少敗多，即使勝利前多，說國命堪危也不為過。這次戰爭，日本固然掉入難以自拔的泥潭，中華民國政府也在獲得遍體鱗傷的「皮洛式勝利」（Pyrrhic Victory）後，隨即江山易色，勝利者反變成另一場戰爭的失敗者，其後政局的演變，似乎不容易給史家，從容寫出恰如其份的抗戰史來。

1970到1990年代，中研院近史所曾利用庫藏外

交部檔案，出版過民國時期「中日關係史料」十五種
二十一冊，選題時間範圍只限於北京政府時期（1912-
1928）。本社出版這套《彙編》，正好延續了其後國
民政府的時段。這個時段提供了局面更為複雜的交
涉、戰鼓不斷、煙硝不熄的中日關係發展史料。

　　有了新史料，就會有新議題，就可期待史家新研
究成果的出現。我們出版史料的初衷是如此。

編輯凡例

一、本書原件為俗體字、異體字者，改為正體字；無法
　　識別者，則以□符號表示；挪抬及平抬一律從略。

二、本書排版格式採用橫排，惟原文中提及如左、如
　　右等文字皆不予更改。

三、以上若有未盡之處，敬祈方家指正。

目錄

第一章

國民政府定都南京後
外交政策宣言

第一節 外交部長對外政策宣言

一 國民政府將採正當手續廢除一切不平等條約

外交部長對外宣言

民國十六年五月十一日

民國十六年四月十八日，國民政府遷於中華歷史名都之南京，國民革命已更進一步，自辛亥年進步，反動兩勢力開始爭持以來，即繼續頡頏，迄今未已，然而國民黨所領導之進步勢力，必獲最後勝利，了無疑義，誠以國民黨之主義既已造成新中國之思想，而本此主義之國民政府，復於兩年之短少期間，由廣州發展及於全國之泰半最富庶及最進步之市邑，省區皆屬其統治也，至其餘區域受軍閥及虐政之支配，不久亦將拯之於水火之中矣。黨內有一部份之共產勢力，不遵守國民黨主義者，數星期以來，遂由內部之派別而成顯著之分裂，惟此勢力尚小，深信不久完全消滅，而孫中山先生之信徒即復團結矣。

再者國民政府既成立於南京，其對外政策亦應乘時公布，本政府唯一之職責為秉承孫先生之指導；服從全國之民意，解除中國在國際上之束縛，而取得國際上之平等地位，蓋以中國之文化財源及民眾論之，固應有此地位也。中國今日所受牽制之各種條約，實濫觴於百年前被脅迫締結之條約，夫各國本於平等主義所締結之條約，經一世紀尚存在者，已屬寥寥，況中國政治、社會、經濟情狀，根本變更，中外人民皆有影響，豈宜仍強其承認此種過去時代不平等之條約

乎？此種條約，一面於中國之發展大有妨礙，一面於
所謂保護外人利益，發展外人商務之目的，亦未嘗達
到，蓋欲保護外人利益及發展外人商務，則雙方之好
感為唯一之要素，而此種不適時宜、貶辱人格條約，
猶堅持實行，必不得真正之好感也。故為中外人民雙
方利益計，現在之條約關係有根本上釐正之必要，國
民政府以取消不平等條約為己任，將採正當之手續，
以達此目的，各國政府負責代表，曾迭次宣言，認現
在條約為不適宜，將有以副中國人民之冀望等語，本
政府業已知悉，本政府深信各國政府之善意，甚盼締
結新約之談判即行開始，不必斤斤於手續，俾中國與
各國之親善關係，得早日恢復也。

同時國民政府必依照普通國際公法，盡其能力，保
護外人之生命財產，須知中國人民之所憤恨者，非外人
個人，乃其所享之制度；所反對者非外人之在中國，乃
其所居之特殊地位。蓋外人既自願來此居住貿易，則應
與本國人民受同等之待遇也。

將來開始談判，取消外人在華特殊利益之時，國
民政府深信各國政府及其民眾，必具遠大之政治眼光
及實際的智慧，俾此種世界未了之問題，得迎刃而解，
中華人民，不分畛域，不論政見，實全國一致要求國
際上之正義及公道，以世界人類四分一之眾，要求此
簡單合理之事，當必不致無效也，斯固為世界和平幸
福計也。

民國十六年五月十一日於南京

二 未經國民政府許可之條約或協定一律無效

外交部表對外宣言

民國十六年十一月廿三日

為重行表示中華民國國民政府對於與外國政府及人民所訂條約及協定之態度起見，外交部長認為應發表下列宣言：

（一）中國前政府與外國政府公司及個人所訂立之不平等條約及協定，既無存在之理由，國民政府於最短期間內廢除之。

（二）業經滿期之條約及合同當然無效。

（三）任何中國官吏，擬與任何外國政府公司或個人訂立任何條約或協定，凡未經國民政府參與或許可者完全無效。

（四）關係中國之條約或協定，未經國民政府參加為締約之一造者，不得視為對於於中國有約束力。

外交部長　伍朝樞

中華民國十六年十一月二十三日於南京

第二節　外交部關於不平等條約之宣言

一　國民政府外交部關於條約之宣言

民國十六年十一月二日

國民政府以取消一切不平等條約重訂雙方平等互尊主權之約為職責，迭經宣示中外。本部長茲代表國民政府，特再鄭重宣言：

（一）凡從前北京政府與各國所訂各種不平等條約，現今無存在之理由，當由國民政府以正當之手續概予廢除，此等條約中規定修改期限而現已期滿者，更應即予終止，由國民政府與關係各國分別改訂新約。

（二）各種條約協定，非經國民政府締結，概不發生效力，特此宣言。

二　國民政府外交部關於重訂條約之宣言

民國十七年七月

國民政府為適合現代情勢，增進國際友誼及幸福起見，對於一切不平等條約之廢除，及雙方平等互尊主權新約之重訂，久已視為當務之急。此種意志迭經宣言在案。現在統一告成，國民政府對於上述意旨應即力求貫澈，除繼續依法保護在華外僑生命財產外，對於一切不平等條約特作下列之宣言：

（一）中華民國與各國間條約之已屆滿期者當然廢除，另訂新約。

（二）其尚未滿期者，國民政府應即以正當之手續解

除而重訂之。

（三）其舊約業已期滿而新約尚未訂定者，應由國民
　　　政府另訂適當臨時辦法處理一切，特此宣言。

第二章
日本退還庚子賠款運用交涉

第一節　日本對華文化事業協定

一　對華文化事業協定

駐日本張元節代辦呈外交部為函

民國十四年八月三十日

　　文化事業案遵將汪公使與日外部協定鈔呈請察閱，由總次長鈞鑒奉本年八月一日部令，並承鈔示日本以庚子賠款辦理對華文化事業，經鈞部與芳澤公使議定組織中日兩國委員會文件，敬悉一是，茲遵部令，將上年汪公使與日外部協定鈔上，敬祈察閱備案，祇頌鈞祉，附抄件。

　　　　　　　　駐日本代辦使事張元節　八、廿五

中華民國十二年十二月二十九、三十一兩日，及十三年一月八日在外務省為對華文化事業，開非公式協議會，先由汪公使提出說帖一件，作為參考，旋與出淵局長交換意見之後，所有認為彼此一致之意見，大要如左：

預會者（日本方面）：出淵對華文化事務局長

岡邵事務官

伊藤書記官

朝岡事務官

　　　（中國方面）：汪公使

朱教育部特派員

張參事官

陳學務專員

錢秘書官

計開

一、 日本方面舉辦對華文化事業時應將中國方面有識
　　階級之代表的意見十分尊重。

二、 庚子賠款項下之資金，主用於為中國人所辦之文
　　化事業，至對於日本在山東所已設學校、病院及
　　其他現時日本各團體在華經營之文化事業，其補
　　助專就關係山東項下之資金支出之。

三、 在北京地方設立圖書館及人文科學研究所。

四、 在上海地方設立自然科學研究所。

五、 辦理前二項事業應支經費隨後另定之。

六、 將來庚子賠款項下資金有贏餘時應再舉辦下開各
　　事業：

（甲）就適當地點設立博物館。

（乙）在濟南地方設立醫科大學以病院附屬之。

（丙）在廣東地方設立醫學校及附屬病院。

七、 對於第三項至六項所開各事業設評議員會，以中
　　日兩國人組織之，其員數各評議員會約二十名，
　　中日兩方各十名，由雙方協商，另選中國人一名
　　為會長。

八、 北京圖書館及研究所之用地，由中國政府免價
　　撥給。

九、 救卹費之名義，應從速改為慈善費或其他名稱。

　　　　　　　　　　中華民國十三年二月六日在東京

　　　　　　　　　　　　汪榮寶

　　　　　　　　　　　出淵勝次　簽字

貴國政府為發展東亞文化，並鞏固中日國起見，於
四十六議會議決，以庚子賠款全部助長敝國內文化事業

及補助留日學生費用，盛意至深銘感，惟策畫須容納敝
國人士意見，庶進行益臻便利，茲將敝國方面所希望各
端，條例於左：

（甲）希望列入對華文化事業預算各事項：

一、 於敝國國內適宜地點設立圖書館。其建築開辦費
　　 至少需一百萬元，常年經費至少需每年四十萬元。

二、 於敝國國內適宜地點設立學術研究所，其建築開
　　 辦費至少需五十萬元。常年經費至少需每年三十
　　 萬元。

三、 於大正十四年度預算內加入設立博物館經費。

關於圖書博物館學術研究所之內容，由董事會議決
之，董事會由中日兩國人士組織，其人數比例照清華
學校先例辦理。

四、 大正十三年度留學補助費，希望全年補助六十萬。

除前列四項外，所餘款項，希望先徵求敝國同意，始
行支配。

（乙）希望另列預算各事項：

一、 山東學校及醫院之補助費。關於此項如能先行設
　　 立醫科大學附設尤所贊同。

二、 賑災費。

以上兩項支出，希望另立預算，於膠濟鐵道及對於公有
財產引渡之賠償金二千二百萬內支配，不列入對華文化
事業會計法案以內。

關於甲乙兩項，如貴國政府容納敝國方面意見至相當程
度時，即行正式與貴國協定支配留日學生補助費辦法，
茲具說帖如右，藉備參酌。

此項說帖作為希望條件，汪公使並未與日外部簽定。

張元節　謹註

日本芳澤公使照會外交部

民國十四年五月四日

為照會事，關於以對華文化事業特別會計資金（庚子賠款）舉辦之文化事業，本國政府茲依據上年二月間中日兩國政府當局間之協議第一項，擬與貴國政府協商，從速組織中日兩國協同之文化事業總委員會，由該總委員會在不抵觸文化事業、日本特別會計法及關於該法之法規範圍內籌畫決定，並管理上開資金舉辦之在華一切文化事業，該總委員會中日兩國委員人數擬定：

貴國方面十一名以內，敝國方面十名以內，其委員長一名擬經中日委員協商由中國委員中選出，現在本國方面選任另單所開七名為日本委員，尚請貴國政府對於上開各節予以同意，並請從速選任貴國方面委員十一名以內，是所至盼。又按照上年兩國當局間之協議第三項、第四項及第七項關於上海研究所並北京研究所及圖書館之實施，擬在上海北京二處組織中日共同委員會，其委員人數及委員長與前項總委員會之組織相同，並擬於該總委員會成立後，即行組織上海委員會，至北京委員會按照前項協議第八項，一俟貴國政府撥給研究所及圖書館地基即行組織之，再此二委員會均應作為前項總委員會之分會，受其支配，相應照會貴總長查照為荷，須至照會者。

二　國民政府教育部咨請廢止對華文化事業協定

教育部咨請廢止日本對華文化事業協定及換文

教育部咨民國十八年十一月六日

甲、廢止協定及換文辦法，根據下列理由，要求日本廢止對華文化事業協定換文，無條件拋棄或退還庚款，完全由中國自行支配管理，為教育文化事業之用。

子、要求日本無條件拋棄或退還庚款之理由：

（一）庚子賠款為清光緒二十七年（一九〇一年）列強對於拳變之過量懲罰，其後十年（一九一一年）中國國民推翻清室，改建民國，所有賠款餘額列強應即自動取消。

（二）民國六年（一九一七年），參加歐戰協約國，允賠款展期五年，當為取銷張本，民國十一年（一九二二年），協約國有完全取消賠款餘額之議，日本亦贊成之。

（三）日本前外務大臣後藤子爵，曾於民國七年（一九一八年）九月廿一日正式致函前北京政府駐日章公使，聲明於適當時期，拋棄庚子賠款之請求權。

（四）美俄兩國庚款餘額，一係退還，一係拋棄，前例俱在，日本宜擇善而從之。

丑、要求日本廢止對華文化事業協定及換文之理由。

（一）民國十三年（一九二四年）二月六日所訂「日本對華文化事業協定」九條，無拋棄或退還字樣，日本方面事前且有並非退還之聲明，公然食言，殊為遺憾。

（二）民國十四年（一九二五年）五月四日換文之
芳澤照會，名庚款為日本對華文化事業特別
會計資金，其款列入該國歷年預算，須經議
會通過，是仍為日本所有，其事歸外務省特設
之對支文化事務局主管，是不啻為日本行政之
一部。直言之，所謂對華文化事業者，乃日本
藉庚款以伸張其行政權於我國領土以內而已，
況日本對華文化事業，逐年進行，預計賠款終
了之後，尚可永久維持，文化侵略將無窮期。

（三）前此日本提出之二十一條，乃我國人士所誓死
反對，經日本代表在巴黎和會聲明取銷者。依
該協定第三、第四、第六、第八條，日本得在
中國內地設醫校、病院研究所、博物館、圖書
館，而北京所設圖書館、研究所得享有土地權，
直等於二十一條第五款第二項之復活。

（四）所謂東方文化事業總委員會，雖係根據協定第
一條，由中日兩方共同組織，而該總委員會所
籌畫管理者，依換文之芳澤照會所言，須在不
抵觸日本文化事業特別會計法及關於該法之法
規範圍以內，至其是否抵觸中國法令，是否侵
害中國主權，則在所不計。天下事之不平等者，
孰逾於此。況總委員會事實上尚受日本外務省
對支文化事務局之指揮操縱，不啻為日本間接
之御用機關，我國自愛之士已有自動辭職者。

（五）日本對華文化事業協定換文，訂自前北京政
府，夙為全國國民所否認，現國民政府統一全

國，方以廢除不平等條約為職志，斷不能認此
為繼續有效，日本現政府誠欲改善中日邦交，
應即尊重中國國民公意，廢此項協定換文，以
糾正日本前政府之錯誤，而為中日修約之先聲。

根據上項理由，一面要求退還庚子賠款，一面要求廢止
協定換文，日本實均無理拒絕，倘彼允廢協定換文而不
允退款，則我方對於此項庚款以下列方式暫行放棄。

（一）拒絕日本在中國境內興辦文化事業。

（二）解散東方文化事業總委員會及北平上海兩分委
　　　員會。

（三）屬於該協定之日本對華文化事業特別會計資金，
　　　我方不予接受。

（四）庚款補助費及選拔費缺額，自十九年度起一律
　　　停補。

查日本年撥庚款三十萬，補助留日學生學費一事，本
不在該協會範圍之內，似不必因協定廢除而即予以
停止。顧補助費學生之選擇，據十二年四月十九日日
本小幡公使照會，本言明由中國公使或留學生監督考
量，後竟全為日外務省對支文化事務局所操縱，選拔
費雜有庚款以外之款項，收買學生，為害滋甚，毅然
停止，實屬當然。但十八年以前，補費各生既係彼方
決定，彼自應繼續供給，逮該生等畢業時為止。我方
對此不必峻拒，倘彼方並此而停止之，以示挾制，則
我方以下列辦法之一對待之：

（一）或令三百二十名庚款補助費生及六十名選拔費
　　　生全體歸國，插入國立大學或專科學校相當班

　　次，但須提經行政會議議決，由財政部撥給
　　三百八十名旅費約日金三萬八千元，嗣後即停
　　派留日學生。

（二）或令三百二十名庚款補助費生及六十名選拔費
　　生仍繼續在日本留學，其費由本國照原數給
　　予，但須提經行政會議議決，由財政部按月撥
　　給留學費二萬五千元，交教育部轉發。（在日
　　本未實行以庚款補助留日學生學費以前，吾國
　　本由崇關月撥二萬五千元為補助費，今但恢
　　復此費發至該生等歸國時為止，不必仍出自
　　崇關也）。

乙、改訂協定及換文辦法　若日本允退款而不允完全由
我國自行支配管理，則應依下列原則改訂協定及換文：

（一）首先敘明退還一九一七年十二月起應付之庚子賠
　　款全部於中國，為發展中國教育文化事業之用。

（二）由中國政府聘任日本人三名，中國人六名，合
　　組中日庚款委員會，以中國人為委員長，管理
　　支配按年退還之庚款，其前已用於補助留學等
　　項者，酌予追認。該委員會於一九四五年十二
　　月賠款終了之日解散，另組純粹中國人之委員
　　會接管該項餘款及基金。

（三）該款用途及應辦事業得由委員會建議於中國政
　　府，但以不與已辦之文化事業相重複者為限
　　（例如原協定擬辦之研究所、圖書館、博物館
　　則與中央研究院、國立北平研究院及國立北平
　　圖書館等事業相重複，無須再辦）。

（四）補助留日學生學費數目年限照舊（原議以十年
　　　為限），但須取消選拔費名義，此項補助費之
　　　分配及其缺額之選補，概由中國留日學生監督，
　　　主管日本外務省、文部省均不得干涉（對支文
　　　化事務局當然取銷）。

以上四原則為我方必須堅持之最低要求，若彼完全容
納，乃可以改訂協定及換文，否則寧可作罷，即令交
涉無效，我猶可以消極之不合作方法抵制之。然我方
仍當以無條件退還庚款為目的，非至萬不得已時不必
提出改訂協定及換文辦法，是在身當交涉之衝者善於
因應而已。

第二節　交涉經過

一　令飭駐日公使提出交涉

外交部電駐日本公使

民國十八年十二月廿五日

密教育部。以民國十三年二月及十四年五月與日本先後
商訂之日本對華文化事業協定及換文，並非以庚款退還
中國，係日政府自行充作對華文化事業補助之用，支配
管理悉以日本特別會計法為範圍，殊屬侵損國權，全國
民眾夙所反對，國民政府斷難認為繼續有效，決定提議
廢止，同時要求退還庚款，由我自行處理，並准行政院
令開：奉國府訓令：中日文化事業總委員會及上海自然
科學研究所，中國方面委員應即撤銷等因。希先向日政
府提議商洽並電復，外交部。廿五日。

二　日本拒退庚款願修改協定

駐日本汪榮寶公使致外交部電

民國十九年一月廿三日發二十四日收

南京外交部十二月二十五日電悉，當經切實提議，頃
據有田坪上兩氏來館答覆，退還庚子賠款一節，歉難
同意，惟關於協定之運用，不妨另行協議，以期圓滑
進行等語，徐詳函外，特奉覆，乞轉教育部。榮，
二十三日叩。

外交部電駐日本汪榮寶公使

民國十九年一月廿五日

二十三日電悉，日方不允退款，謹允將協定另行協議，在我斷難同意，盼再相機繼續提議為要。外交部廿五日。

駐日本汪榮寶公使抄送日本亞細亞局長復文（譯文）

民國十九年二月八日

日本亞細亞局長對於駐日公使照會，關於退還庚子賠款回答案。

貴國（中國）政府所提議關於對華文化事業中日兩國協定之廢止，並退還庚子賠款一案，外務大臣答復如左：該項提議經加考慮，歉難如命。東方文化，關於世界文化史上之地位，毋待贅述。日本政府特注重於研究發揚東方之文化，深覺中日兩國應負共同之責，以期其達成，所以日本政府決將庚款及其他收入，投充該項目的之用，脫離兩國政局之外，獨立施行。東方文化事業，爰經日本帝國議會之協贊制定對華文化事業特別會計法。又為施行該項事業聯絡上起見，經成立兩國間之協定。日本始終恪守該項方針，且以最誠懇之意，實施此事業。此種熱誠，當並為中國所深諒。故日本無意思變更該項既定之方針，唯關於協定中之運用，若中國欲另行商議，以期彼此協調，更加圓滑，則日本亦無異議也。

駐日本汪榮寶公使呈

民國十九年八月十一日

為呈復事，前奉訓字第四五六號來令，交到日本退還庚款協定草案一件，囑向日政府交涉，將民國十三年二月及十四年五月所商訂之日本對華文化事業協定及換文加以改訂，並將交涉情形具報等因。當將原件提交日外務省，並迭經口頭交涉，日方迄未肯根據該案加以討論。嗣於七月廿九日，接到日外務大臣來文，謂照該提案根本變更現行辦法，動搖文化事業基礎，難以同意。唯關於運用現行協定，如改正現行給費生制度等，不妨修改等語。合行鈔送原函，敬祈鑒察。謹呈，附鈔件。

駐日本公使　汪榮寶

（附）日本退還庚款協定草案

中日兩國政府為發展東亞文化，並鞏固兩國邦交起見，雙方同意將民國十三年二月六日及十四年五月四日所商訂之日本對華文化事業協定及換文加以改訂：

（一）日本允將一九二二年十二月起之日本項下庚款全部退還中國，以為辦理中國教育文化之用。

（二）中國政府為管理支配日本所退還之庚款，組織中日庚款委員會，並聘任日本人若干名為委員。

（三）日本所退還庚款之甩途應支配如下：

甲、該款之大部份（約三分之二）

（1）得用以辦理中國之生利建設事業，作為教育基金，即以所得贏利辦理教育文化。

（2）得以借款方式借由中國建設機關，經營實業，即以所得之利及所還之本辦理教育文化。

乙、該款之其他部分（約三分之一）直接撥充辦理教育文化之用。

但所擬舉辦之教育文化事業，以不與中國已辦之文化事業相重複者為限。

（四）補助留日中國學生學費數目年限可仍照原議辦理（以十年為限）。此項補助費之前經支出者，應由委員會酌予追認，其此後之分配及其缺額之選補，概由中國留日學生監督主管，原有之選拔費名義應取消。

（五）本協定自簽訂之日起發生效力。

日本幣原外務大臣為中日文化協定問題復駐日本汪榮寶公使照會

為照復事准本年六月十八日午字第二二七號來函，並附貴國外交部關於日本退還庚款協定草案一件，業已閱悉，查該草案要旨共有三點：即（一）日本項下庚款退還中國。（二）中國為管理支配此項庚款，組織中日庚款委員會，並聘任日本人若干名為委員。（三）該款雖應用於教育文化事業，但為生利起見，得以其三分之二辦理中國之生利建設事業等因。查項究發揚東方之文化，乃東方民族當然之使命，貴我兩國不但有圖謀實行此項使命之共同責任，且鑑於文化事業之本質，實有超越國界並脫離目前之政治及外交上之見地、而向高遠理想上邁進之必要故為保障文化事業之恒久性起見，須離開政局，確定完全獨立之制度，文化事業特別會計法係根據此研意旨經帝國議會之協贊

而制定，嗣後復經兩國政府之協商具體的規定，該事業之大綱且由中日同數之委員，以貴國人為委員長組織成立東方文化事業總委員會及上海委員會，夙為貴公使所深知。時至今日，如照貴國提案將現行制度加以根本變更，則文化事業之基礎，勢將動搖，而於達成其目的上實有引起重大障礙之虞，根據上述理由，帝國政府對於此次貴國政府之提案，不能表示同意，殊為遺憾。惟前經有田亞細亞局長及坪上文化事業部長，曾向貴公使面陳，關於現行協定之運用為中日兩國之協調更加圓滑起見，另行商議一節，則毫無異議。例如貴國政府提案之末項所載補助留日中國學生學費之制度一節，即帝國政府亦希望予以改正，於實行此項改正制度時，應設立兩國混合委員會，以當銓衡補助費生之任。選拔費生之制度，不妨予以廢止，相應照復，即希查照為荷。須至照會者外務大臣男爵幣原喜重郎。昭和五年七月二十六日。

　　　　　　　支那共和國特命全權公使，汪榮寶　閣下

駐日本汪榮寶公使致外交部電

　　　　　　　　　　民國十九年十二月四日發同日收

南京外交部：三日電悉，早經提出交涉，日方稱考慮再答，當經提議邀同文化事業部長及亞細亞局長會商，日方允開會議，惟迄未約期，容再催促，特覆。榮，四日。

駐日本汪榮寶公使致外交部電

民國十九年十二月廿四日發同日收

南京外交部，文化協會問題，本日開第一次商議，彼
方仍堅持局部修正請求，當告以如此惟有決裂，經竭
力爭辯後，彼方允再考慮，約下月七日續商。特聞，
餘續詳。榮，二十四日。

三　中日共組專門委員會研議

駐日本汪榮寶公使致外交部快郵代電

民國廿年一月廿日收

外交部鑒：關於中日庚款交涉事，上月二十四日電計
達。本日又邀集文化事業部長坪上貞二及亞細亞局長谷
正之兩氏，繼續商榷，彼等歷述現政府為難情形，此時
若提出法案，將庚款全部退還中國必難得兩院同意，若
因此將文化事業一律中止，又恐於兩國國交發生不美之
影響，故無論如何，必須商量一種妥協辦法，以免決裂，
當經再三討論，擬先由兩國政府，各以非公式酌派專門
委員若干名，公同集議，交換意見，務期於兩國輿論，
均能通過，而又於兩國國交，不至有所損害之範圍內，
求一解決方法，各委員意見一致後，再行分別請各本國
政府裁奪，似此辦理，較為妥善，茲特以快郵電呈鈞部，
敬乞公同商榷，如無不可，擬再將此項委員集會地點及
時期與日方議定，以便實行，是否有當，統候鈞裁電示
遵辦。榮，九日。

駐日本汪榮寶公使及沈覲鼎致外交部電

民國廿年四月十九日發同日收

南京外部：九日十四日兩電均悉。鼎到東後，迭向各方
討論退還賠款及停辦文化事業，彼方堅持所見，迄無要
領；至東京京都研究所經費，據稱非盡出於庚子賠款，
上海研究所係照中日委員會前所議決從事，預備，未便
中止；但一切均屬暫時性質等語，榮昨與幣原切商，彼
方有人提議將文化事業不歸外務省管轄，另行組織兩國
共同委員會主持，榮當向表示，無論如何，總以退還賠
款為第一義。此層辦到，再及其他問題。彼方仍希望先
由少數人員非公式在日協商。除遵電隨時商辦外。特
復。榮、鼎，十九日。

駐日本汪榮寶公使致外交部電

民國廿年四月六日發日收

南京外交部：一日電。悉迭與日方磋商，幣原意以此
項會議，係非公式性質，須嚴守秘密，以免刺激輿論，
致生阻力。委員擬兩方各指定三人，地點以東京內為
宜。連日再四駁辯，彼方仍堅持此說，特聞，盼覆。
榮，六日。

駐日本汪榮寶公使致外交部電

民國廿年六月十一日發同日收

南京外交部：六日電悉。頃晤幣原切商，彼意欲期於事
有益，總以避免報紙訛傳及輿論攻擊為第一義。就此點
著想，以在東京密籌為最妥，希望中國諒解，速行派員

來東。日方擬訂委員三人，一為岡部長景，一為坪上貞二，餘一人未定，或為大內暢三；但均尚未發表，囑守秘密。特聞。榮，十一日。

駐日本汪榮寶公使致外交部快郵代電

民國廿年七月廿四日收

外交部鑒：七日電敬悉。已密達幣原，日方委員三名，已定前文化事業部長，貴族院議員子爵岡部長景，現任文化事業部長坪上貞二，餘一名原定大內暢三，因現不在國內，擬改派前宮內省侍醫長醫學博士入澤達吉，唯尚未得本人同意，至我方應由本館指派之委員，擬即派參事江洪杰充任。特復。榮，十三日。

第三章
中日重訂關稅協定

第一節　廢除舊約重訂新約談判

一　中國提出重訂新約

外交部致日本駐華公使照會

民國十五年十月廿日

　　為照會事，中日邦交，向極親密，中國政府為欲使親密之邦交益加鞏固起見，以為光緒二十二年六月十一日所訂中日通商行船條約，並附屬文件，以及光緒二十二年九月十三日所訂附屬前約之公立文憑，應即按照條約規定，加以修改。查該約第二十六款明定，此次所定稅則及約內各款，日後如有一國欲再重修，由換約之日起，以十年為限期，滿後，須於六個月之內知照酌量更改等語，該約係於光緒二十二年九月十四日互換，至本年十月二十日，即本日又屆期滿，中國政府因此特向貴國政府提議，將光緒二十二年六月十一日之中日通商行船條約並附屬文件，以及公立文憑一律根本改訂，至光緒二十九年八月十八日訂立之通商行船條約、續約、及其附屬文件章程，即係續約性質，根據該約第九條自應與正約一併根本改訂。

　　查中日通商行船條約訂立，已經三十年之久。在此長時期間，兩國經濟商務及人民間關係，已不知幾經變遷，以此年代久遠之約，支配兩國間屢經變遷之經濟商務及人民關係，自多不適宜，而滋生困難之處，證之近年經歷，尤見顯然，故中國政府對於前述各約，照現行之方式，實希望不再繼續，而願即進行根本改訂事宜，以圖增進兩國之公共利益。

此次修改條約，於貴我兩國親善之前途關係綦重，中國
政府深冀貴國政府，能順應近年國際進步潮流，並滿足
中國人民之願望，根據平等相互之原則，以確立中日邦
交與夫兩國人民親善之新基礎。

　　按照約文規定期滿後六個月為修約期間，中國政府
深冀從速開議，於此六個月內完成新約。假使修約期滿
而新約尚未成立，則屆時中國政府不得不決定對於舊約
之態度而宣示之。因此中國政府關於此點，茲須聲明保
留其應有之權利。總之，中國與日本同洲鄰國，睦誼素
敦，彼此人民關係，更較深切，此次提議根本改訂前述
各約，又專為謀增進兩國之親善，故敢信貴國政府對於
中國政府之提議，必能完全贊同，並望貴國政府與中國
政府推誠商榷，努力進行，俾於最短期內完成雙方滿意
之新約，而立兩國誠心親善之基礎，除訓令駐東京汪公
使照會貴國政府外，相應備文照會貴公使查照，即希轉
達貴國政府為荷，須至照會者。

二　中日談判重訂新約經過

日本駐華公使館致外交部節略（譯文）

民國十五年十一月十三日收

（一）帝國政府接到外交部十月二十日公文，提議改
　　　訂明治二十九年七月二十一日簽字之中日通商
　　　航行條約及附屬文件，暨明治三十六年十月八
　　　日簽字之通商航行續約及附屬文件，已加以慎
　　　重研究。

（二）外交部公文，首先表明此次提議係專出於圖謀

增進中日親善之目的，帝國政府固已知之，對
於其目的，深表同感，為謀貫澈中國正當國民
之宿望起見，擬與以一切適當之援助，早經定
為方針，並已一再宣布。兩國重要利害關係相
同之處極多，中國如能內享和平善政，外與列
國為伍，占有適當之地位，日本國民之欣快，
無逾於此。

（三）外交部公文中援用明治二十九年中日通商航行
條約第二十六條以為根據，該條約之解釋規定
以英文之正文為準，特錄第二十六條之英文正
文為左：

Article XXVI

It is agreed that either of the High Contracting Parties may
demand a revision of the Tariffs and of the Commercial
Articles of this Treaty at the end of ten years from the date
of the exchange of the ratifications; but if no such demand
be made on either side and no such revision be effected
within six months after the end of the first ten years, then
the Treaty and Tariffs, in their present form, shall remain
in force for ten years more, reckoned from the end of the
preceding ten years, and so it shall be at the end of each
successive period of ten years.

（四）帝國政府根據本條之規定，欣然允諾外交部之
請求，為改訂稅率及明治二十九年條約之通商
條款與中國政府開始商議，並無異議。

（五）一面查上述外交部公文中有數段令人推測，有

於稅率及明治二十九年條約之通商條款而外，涉及上述各條約及附屬文件之全部提議根本修正之意，似此廣汎之改約，要求在中日間現行條約規定內，未見有可加以想像或承認者。

（六）但日本政府並無將行將開始商議之範圍限於明治二十九年條約第二十六條所定事項之意思，即對於該事項以外之條約改訂問題，帝國政府在法理論上雖保持其自己之主張，但亦願以同情考量中國政府之希望，深信中國政府亦能以互讓之意報之。

（七）再外交部公文中有引起帝國政府注意之一節，即六個月內新約尚未成立時，中國政府不得不決定其對於舊約之態度而宣示之，因此中國政府關於此點，茲須聲明保留其應有之權利云云，帝國政府對於似此之保留字句，不禁失望，今欲期望此事商議之成功，必須互相信賴，互相讓步，而上文所暗示之意，我認為與此精神不副。總之，帝國政府，當此應允改訂中日條約之提議時，初不含有默認如外交部公文中所保留何等中國權利之意，可率直言明之。

　　　　大正十五年十一月十日　日本帝國公使館

日本覺書中錯誤處

（一）第二項第二行『了知』係『了承』之誤

（二）第二項第七行『適當』係『適正』之誤

（三）第三項第一行『外交部公文中其，』下漏脫『提議』二字

（四）第五項第三行『趣旨タルコト』係『趣旨ナル
　　　コト』之誤
（五）第七項第十行『意思』係『旨意』之誤

顧維鈞總長會晤日本駐華芳澤公使談話紀要

民國十六年三月十八日

出席人員

中國：

外交總長顧維鈞　次長王蔭泰　唐參事在章　錢司長泰

魏秘書文彬　　　沈秘書觀鼎　刁秘書敏謙

金科長問泗

日本：

芳澤公使　堀參事官　重光書記官　西田書記官

井田外交官浦

顧總長云（用英語）：欲保通商行船之待遇平等，必須
有實在之平等，是即所謂中國對方各國之間，既有平
等，則中國必不應受不公平之待遇。又云：（用華語）
從上次會議將終時貴公使之說明察之，似乎貴國欲得通
商行船之最惠國待遇，係恐苟非其然，貴國將見列於視
第三國為劣下之地位，其實為免爭論起見，新約內可完
全刪去最惠國條款，只須加入一條款，具有通商行船待
遇平等之原則，則屬貴國之望，自屬易之。

關於稅則問題所經討論之要點，即為如何可以切實維持
國際商務平等之原則，鄙意此項平等，惟有照一樣條
件，給予各國一樣待遇，而後可以保全，是即謂如中國
照某條件讓與某國以任何特別權利，則其他各國，除照

同樣或類似條件外，不得以最惠國條款均霑此項權利
也。貴公使常恐如無無條件之最惠國條款，則關於稅則
問題，貴國將見列於視第三國為不利之地位，但在他一
方面如予貴國以無條件之最惠國待遇，則貴國所享者，
視最惠國尤優，何也？以貴國能無報償享有第三國有報
償之特別權利也，不惟貴國與第三國間發生不平等之
事，並使敝國待遇不公，有厚此薄彼之嫌，是與國際商
務平等之原則，完全不合，故本席主張有條件之最惠國
待遇，不過欲實行上項原則而已。

至第六項，本席擬訂一確定期限，在此期限以內，現以
各條約內關於稅則之規定條款可援最惠國條款而引用，
所以如此擬議者，不過為希望早睹現行不平等條約之廢
止及新約之生效起見耳。

國際商務平等之原則，不惟貴國與其他通商各國之間，
應行維持，抑且此方敝國與彼方通商一國或各國之間，
亦應維持，如在對華通商上，貴國與各國比較享有平
等待遇，而敝國與各國之間，敝國獨不得享有，則其
待遇之平等，為不安全，貴公使既特注重國際商務平
等之原則，而現議之條約，亦以此原則為基礎，故本
席深信貴公使決不欲因最惠國條款享有現行各條約內
之關稅權利，以至於無限期，使將來締結之新約，不
能及時發生效力也。故本席提議確定期限，不過希望
迫促修改不平等條約之進行，並無欲藉此置貴國於視
第三國為不利之地位之意，敝國政府希望此定期已滿
以前，所有敝國不平等條約，均早已修竣，則一屆期
滿之時，不獨貴國不再引用，抑且新條約時代即行開

幕，以管理中外交涉矣。

至第八項，則所擬為增進邊界貿易起見之任何特別辦法，無論為普通或特別，均不視為有最惠國條款之意義，似與國際商務平等之原則，並無不合，假如訂立此項辦法，管理法屬越南與滇桂間之邊界貿易，則對於同類商品，經過滇桂越間邊界，運到同一地點，並有其他種種同一條件者，自可引用此項辦法，但特別條件，通行於此邊界者未必通行於任何其他邊界，故若將此項辦法，適用於任何其他邊界，似越國際商務平等之範圍以外，加以如為實行起見，至於普通邊界貿易與特別邊界貿易之間，畫一界線亦殊形為難。

最後本席希望因以上種種說明，貴公使與知所以應贊同上次會議所未同意之各項之道矣。

顧總長答謂（用英語）：本席之意，係照通商行船平等之原則，此締約國於通商行船事宜，不得歧視彼締約國，竊料貴公使所欲防止者，無非為對於貴國通商與貴國貨物之歧視，如新約內加入無歧視條約，則待遇平等可保矣。

顧總長答謂：據本席所知，其區別在是，即照無條件之最惠國條款，凡有報償給予一國之任何權利，任何他國得以無報償要求，而照防止歧視條款，則一日無對任何一國有直接歧視之事，即一日不須實行此項條款，至本席目的，則在各國間絕對之平等也。

顧總長謂：此二款實不盡同，假如與中國有約者，為十五國，今對於其一國，為某種報償，予以某種關稅上之便利，則此種便利，可不推行於其他各國，蓋不

推行，不致發生歧視情形也。

顧總長謂：遇事應各從其真締著想，中國可祇需一國之報償，而不需他國之報償，但為保全商務待遇平等起見，不能單擇一國，加以歧視也。

顧總長謂：本席以為實無有此項疑懼之理由，今有甲國因其某種需要，與乙國訂立關稅互惠協定，但不能即謂此項協定之訂立，係歧視任何他國。

顧總長問關於商務平等，用防止歧視之法，而不加入普通性質之最惠國條款，是否與貴公使意見不合。

顧總長謂：反對通商行船事宜加入普通最惠國條款之一理由，即為『通商行船事宜』字樣之範圍，太無限制，其意義過於浮泛，若見地不同，則關於其範圍之解釋，亦因而各殊，故苟能使本席了解此字樣內究包括何義，則鄙意似覺稍安。

顧總長謂：關於關稅，敝國如欲歧視貴國商品，無異於欲貴國歧視敝國自己商品，敝國極擬給予貴國以視所給第三國為平等之待遇，正如希望貴國給予敝國以此項待遇，按照鄙見，平等待遇，係謂根據絕對平等地位之待遇，試舉例以明之，譬如有人向某店以某價購買某貨，若同樣貨物售於別人，不索付價，是歧視第一售主，否則第二售主如付一樣之價，則第一售主必十分滿意，此於每日交易為然，則於關稅事項亦莫不然，故關稅事項之真正平等待遇，必須遵守同樣或類似之條件，而後可適用最惠國條件也明矣，惟其如是，而後其平等為真實有效，否則徒有其名而已，是以本席欲切實聲明關於關稅事項，擬允加入有條件之最惠國條款，是即此締約國

如係無條件讓與第三國以關稅權利則此權利，亦得以無條件推行於彼締約國，但如以條件讓與，則彼締約國之均霑，亦須遵照同樣條件也。

顧總長謂（用華語）：關於最惠國條款是否適用於關稅事項之問題，雙方意見交換已盡，敝國政府之意見，一方面雖維持商務平等之原則，一方面須防該條款不良之影響，現在雖有數項業已妥協，而於其他各項，其意見尚未接近，是以本席敢請雙方於下次會議各照己見，製備草案，具有業已討論之各項，俾可見雙方妥議至如何地步，及何項為不同意，不知此項擬議，貴公使是否贊同。

顧總長答謂（用英語）：雙方表示意見，不無詳盡，但同意於甲項，而不同意於乙項，故如各照己意，擬一草案，提出下次會議，比較異同或者可利討論。

顧總長答曰：然。

顧總長答謂：如果貴公使，能將此字樣所含之正確意義，切實說明，則本席之久加考慮，似覺於意少安。

顧總長謂：本席欣悉此事，間如貴公使前在某次會議之說明，鄙意為便利討論起見，其討論似宜以關於適用最惠國條款之關稅問題為限。

日本駐華公使館致外交部節略

民國十七年八月七日到

日本帝國公使關於中日通商行船條約，昭和三年七月十九日接准國民政府外交部長照會，內開明治廿九年締結之中日通商行船條約及附屬文書，並前記條約附屬議

定書、及明治三十六年締結之通商行船續約及附屬文
書，於本年七月二十日業屆滿期，提議訂立新約，並稱
在未達到締結之期間，則按照國民政府所宣布之「中華
民國與各外國在舊約廢棄新約未成以前之臨時辦法」實
行等因。茲日本帝國公使，依據帝國政府之訓令，對於
國民政府有答復如左所記之光榮。
明治二十九年締結之中日通商條約第二十六條載
締盟國之一方，自本約批准交換之日起，於十個年之
終，關於稅目及本條約之通商條款，得要求改正，然若
自最初十個年之終起算在六個月以內，兩締盟國無論由
何方面不為此項要求不行改正時，本條約並稅目，自前
十個年之終起算，應照舊再有十個年間之效力，嗣後於
各十個年之終，亦照樣辦理云云。並無何等廢棄或失效
之規定，因之兩國間倘無特別之合意或協定，則此項條
約當然不僅不能廢棄或失效，且照右開條文，則在六個
月以內改正商議未完結時，條約並稅目再有延長十個年
間效力，其意明晰。是條約及稅目再有延長十個年間效
力，毫無容疑之餘地，此為帝國政府夙所懷抱之見解。
大正十五年十月，北京政府外交部，提議關於改訂通商
行船條約之際，對此回答，業經表明此項見解，其後屢
次商議延長期間，關於此點，亦常喚起中國方面之注
意。」按照以上之理由，則本年七月二十日商議期間，
雖在滿了之後，而前記各條約及附屬文書，依然有其效
力。故照國民政府之見解，以商議期間之滿了為條約之
滿期，雖欲同意而不能也。」加之如此次國民政府通告
中，在達到新約締結之期間，以國民政府一方面的措置

之所謂臨時辦法施之。是強使現行有效條約為失效，實違反條約之正文，不僅在法理解釋上，又國際慣行上所不應有之事，且為蔑視國際信義之暴舉，此帝國政府所萬難容認者也。至於改訂條約，帝國政府如屬次所聲明為顧全中國國民之興望，與中日間各種之密接關係，具有商議之誠意與準備，徵之前在北京非正式商議時六個月之改訂期間，雖經滿了，而屢次延長商議期間，以謀改訂之告成等事，實可以明瞭，亦為國民政府夙所承認，不幸其時條約未見改訂者，主由中國國內政情之不妥定，不得不特為指摘者也」。要之，帝國政府關於條約改訂所持前述之態度，至今並無何等變更，此際國民政府若鑒於國際之大義與中日兩國友好善鄰之關係，撤回所謂臨時辦法實施之主張，確認現行條約之有效，則帝國政府欣然應允改訂之商議，施以認為適當之改訂，亦所不吝。如若不然，國民政府主張現行條約失效之態度，依然固持，則帝國政府不僅不能應條約改訂之商議，而於國民政府猶堅持所謂臨時辦法，一方面強行時，帝國政府茲特聲明，為擁護條約上之權益，將有不得已出於認為適當之措置也。

昭和三年七月卅一日

日本帝國公使館

外交部致日本駐華公節略

民國十七年八月十四日發

本年八月七日接准七月三十一日節略，聲述貴國政府關於中日通商條約約文解釋暨改訂意見各節，均已詳悉。

貴國政府表示改訂條約具有商議之誠意與準備，本國政府極所欣感，自當以最誠懇之意願同情接納，蓋重訂新約為國民政府增進國際友誼之根本政策，光緒二十二年所訂中日通商行船條約並附屬文件、暨公立文憑、及光緒二十九年所訂中日通商行船續約，均遠在三十年前，此三十年間兩國之經濟商務人民關係以及政治狀況，既屢有變遷，自與現時情勢不能適合，以不適於現狀之條約而強勉行之，必致滋生困難，引起人民之誤會，殊非敦睦邦交之道。本國政府基於此項原因，以為當初訂約之時，與現時狀況既已情勢迥異，亟宜根本改訂，根據平等相互之原則，締結新約，以符貴我兩國力謀親善之本旨，因懇貴國政府早具同情，定必開誠相與，努力進行，以圖兩國共同之福利，貴公使節略，以光緒二十二年，中日通商條約第二十六條載，此次所定稅則及此約內關涉通商各條款，日後如有一國再欲重修由換約之日起，以十年為限期。滿後，須於六個月之內知照，酌量更改，若兩國彼此均未聲明更改，則條款稅則仍照前辦理，復俟十年再行更改，以後均照此限此式辦理等語，認為在六個月以內改約商議未完結時，條約並稅目再有延長十個年間效力，惟中國政府看法，按照本條文解釋期滿後六個月內，若兩國彼此均未聲明更改，則條款稅則，始有繼續十年之效力，換言之，期滿後六個月內，若任何一方已經提議聲明更改，並已實行商議改訂，則條款稅則即不再延長其效力，更以事實證之，以前每屆十年期滿後六個月內，貴我兩國均無聲明更改之提議，故本約因而一再延長至三十年之久，迨民國十五年七月

二十日又屆期滿，中國政府特向貴國政府提議，將光緒
二十二年中日通商行船條約，及其一切附屬文件，連同
光緒二十九年中日通商行船續約，一併根本改訂，並表
示不再繼續之希望，聲明如六個月修約期滿而新約未
成，保留中國政府應有決定對於舊約態度而宣示之權，
是中國政府夙已表明其見解，故於貴國政府以在六個月
內改約商議未完結時，條約並稅目再有延長十個年間效
力之主張，歉難同意，因此國民政府回顧從來之見解，
深惜在六個月修約期內，新約不能完成，馴至一再展
限，仍未就緒，而本年七月二十日又屆展限期滿，爰本
七月七日宣言援情勢變遷之原則，照會貴公使轉達貴國
政府，特派全權代表於最短期內以平等及相互尊重主權
之精神，締結新約。

國民政府詳審近年國際進步之潮流，暨本國國民之希
望與夫經濟商務之狀況，稔知一切不平等或不適合於
現情各條約，足以阻滯國際友誼，違礙和平保障，且
國際間彼此情勢既時有變遷，斷無可以永久適用之條
約，因而依據情勢變遷之原則，使其效力廢止或中止，
準之法理，按之先例，本國政府此舉，絕無蔑視國際
信義之嫌，矧本部七月七日宣言聲明，中華民國與各
國間條約已居滿期者廢除，另訂新約；未滿期者，則
以正當手續解除，而重訂之。對於滿期與未滿期條約，
特為分別規定，於法理事實，雙方兼顧，尤為尊重國
際信義之明證。乃貴國政府謂為蔑視國際信義之暴舉，
以貴我兩國睦誼之敦篤，而往來公牘之中竟有此外交
文件素不經見之字樣，本國政府深為惋惜。

至於國民政府七月七日頒布之臨時辦法，所以維持中華民國與舊約期滿新約未成前各外國間之政治商務關係，並非於任何一國有所偏畸，以中日鄰交之密接，關係之繁複，本國政府對於此項臨時辦法之施行，亦曾經加以深切之考慮，因此於新約之重訂，期望至為深切，茲既准貴國政府表示欣然應允改訂之商議，本國政府尤當一本至誠從事開始商議新約之準備。

總之，國民政府惟一願望，端在速訂雙方平等、互尊主權之新約，以代替久歷年所不適現情之舊約，而達此願望之真意，實所以謀國際友誼之增進，本國政府以此為根本政策，故不憚一再申述，而本國政府最所企望者，尤以中日為同洲鄰國，邦交素敦，共存共榮，關係縣密，深冀重訂新約，早日觀成，以樹國際之風聲，而增兩國共同之福利，甚盼貴國政府查照本部七月十九日照會，迅即簡派全權代表，於最近期內開始商議，相見以誠，促成新約，用以益敦中日固有之邦交，確立兩國人民親善之基礎，相應復請貴公使查照，即希轉呈貴國政府為荷。

日本駐華公使館致外交部節略（譯文）

民國十八年四月廿六日

本公使對於昭和三年八月十四日國民政府外交部關於中日通商行船條約節略，茲根據帝國政府訓令答復國民政府如下：

（一）國民政府援行中日通商行船條約第二十六條漢文約文以為該條之趣旨，在十年期間滿了後六

個月內，經一方提議聲明改訂，並已實行改訂
商議，則該約效力不再延長，再北京政府時代，
於大正十五年十月二十日，備文提議改訂中日
通商行船條約，同時聲明在條約規定六個月期
間內新條約不能成立時，保留其當然應有權，
主張不能同意條約效力之延長等因，關於第
二十六條之解釋，業如上年七月三十一日本使
館節略所述，按照該條日文約文及英文約文，
自十年期滿之日起算，在六個月以內，未能完
成改訂商議時，該約及稅則當然繼續有效十年，
甚為明顯。對於此項明瞭規定而解釋竟有不同，
帝國政府固引為遺憾，縱使日文約文與漢文約
文之間解釋不同，然在該約第二十八條規定解
釋不同時應依英文約文裁決之規定，故在日本
政府深信其主張之正當也。又對於北京政府之
提議，帝國政府於大正十五年十一月十日以節
略允認條約改訂府提議，同時對於上述保留權
利一節，按照現行條約第二十六條之規定，聲
明不能承認，其後於每次延長商議期間時，迭
經聲明此項見解，上年七月三十一日節略內業
經申述在案，故中國方面所謂權利保留之聲明，
不能認為於條約規定有所變更，或於條約效力
予以如何之影響。

（二）國民政府根據情勢變遷原前，以條約廢止或中
止在法理上國際慣例上，為絕對之可能，關於
中日通商行船條約，一方提議根本改訂，同時

似仍根據上述原則，維持上年七月十九日外交部照會中所述該條約失效之主張，查情勢變遷原則在國際間為法規上之原則，並非確定，且若承認此種原則時，則一切條約，無論何時殆將按照締約國一方之意思得以廢棄，必至國際法根本動搖，徵諸先例，亦未有承認適用該原則者，矧中日條約特規定條約效力之條款，固已豫為情勢變遷之設想，且情勢變遷，當然不能使條約無效，甚為明顯。

（三）總之，帝國政府對於中日通商行船條約廢棄問題，不能改易向來之主張，固如上述。然對於國民政府從速改訂中日通商行船條約，以副中日兩國親善本旨之希望，並非有所吝於同情之考慮，而尤切望國民政府早日完成穩健建設之大業，以舉內而和平、外而敦厚中日邦交之實，故若國民政府顧慮中日兩國友好善鄰關係，披露在新約未完全成立前，中日兩國關係依中日條約規定之誠意，以為條改訂之提議，帝國政府對於應允國民政府提議，而開始其認為適當改訂之交涉，具有充分之誠意與同情，特為聲明。

昭和四年四月二十六日

外交部致日本駐華公使節略

民國十八年四月廿六日發

接准四月廿六日節略，所稱各節，確經閱悉，關於中日通商航海條約約文解釋，所有國民政府之見解及一切主張，已於十七年八月十四日，本部長致貴公使節略內詳悉申述，該條約之效力問題，仍如前述，極為明瞭，無庸再贅。關於本問題法理之爭執，既經彼此諒解，存而不論。故國民政府當以至誠，即行從事開始協議，切望於最短期間，以平等及互尊主權為原則，重訂新約，並盼尅日進行，相應復請貴公使查照為荷。

第二節　舊約已廢新約未訂前過渡辦法

一　中國照會日本暫用「臨時辦法」

外交部致日本駐華芳澤公使照會

民國十七年七月十九日發

為照會事，國民政府為適合現代情勢，增進國際友誼及幸福起見，對於一切不平等條約之廢除、及雙方平等互尊主權新約之重訂，力求貫徹，業於本年七月七日鄭重宣言，並於七月十二日照會貴公使，轉達貴國政府在案。查光緒二十二年中日訂立之通商行船條約並附屬文件、及同年九月十三日所訂附屬前約之公立文憑、與光緒二十九年訂立之通商行船續約，業於民國十五年十月第三次滿期，當經照會貴國政府提議根本改訂，原以上述條約及其一切附屬文件章程，施行以來，歷時已久，於中日兩國現存之政治、商務關係，多不適宜，在六個月修約期間內，新約不能完成，當應宣示舊約失效，惟以中日邦交關係密切，為鞏固親密邦交起見，曾迭經展限磋商，迄未就緒，本月二十日又屆展限期滿，國民政府自應本七月七月宣言之主張，根據平等相互之原則，商訂新約，在新約尚未訂定以前，當按照本國政府所頒布中華民國與各外國舊約已廢新約未成前之臨時辦法宣布實行，以維持中日兩國之政治商務關係，相應抄錄臨時辦法七條，照會貴公使查照，將上述本國政府意旨，轉達貴國政府查照，即時特派全權代表，於最短期內，以平等及相互尊重主權之精神，締結新約，以期適合現情，使兩國睦誼，益臻鞏固，而兩國共同福利亦益加增

進，是所至盼，並希見復為荷，須至照會者。

右照會　大日本國特命駐華全權公使芳澤謙吉閣下

二　與各國舊約已廢新約未訂前的「臨時辦法」

第一條　本辦法各條所稱外國及外人，專指舊約業已廢
　　　　止、而新約尚未訂立之各外國及其所屬人民。

第二條　對於駐華外國外交官、領事官，應予以國際
　　　　公法賦予之待遇。

第三條　在華外人之身體及財產，應受中國法律之
　　　　保護。

第四條　在華外人應受中國法律之支配及中國法院之
　　　　管轄。

第五條　由外國或外國人民輸入中國及由中國向外國
　　　　輸出之貨物，所應征之關稅，在國定稅則未
　　　　實行以前，照現行章程辦理。

第六條　凡華人應納之稅捐，在華外人應一律照章
　　　　繳納。

第七條　凡未經上列各條規定之事項，應依照國際公
　　　　法及中國法律處理之。

第三節　關於修約內容談判

一　外交當局與日公使談話紀錄

駐日本公使館抄送談話紀錄第三十五號

民國十五年十月十六日

顧維鈞總長會晤日本芳澤公使談話紀要

沈觀鼎　西田畊一在座

中日商約滿期改訂事

總長云：茲有一事為余所重視，即中日商約，行將滿期，應行改訂是也。近來我國輿論，提倡取消不平等條約，甚為熱心，值此我國與各國所訂商約，行將先後滿期，各界主張撤廢舊約，另訂新約之聲浪日高。查中日商約，將於本月二十日期滿，茲鑒於民意之膨脹，並為改善中日間商務經濟關係起見，本國已決定向貴國提議，根本改訂中日通商本約及附約，擬於數日內由本部備文送達貴館，聲明該約又屆十年期滿終止之時（Termination）正式提議改訂，顧我國一般人士，主張廢舊訂新，但余寧重視新約之內容，深盼彼此妥協努力，能照該約第二十六款所定，於六個月期內完成此業。

芳使云：假使兩國當局開始磋商修改，而不能於六個月期內完成則如何？是時是否維持現狀，舊約繼續有效？

總長云：吾人既欲努力改訂，雅不願預料期內不能成功，萬一不能完成，似可待六個月將屆期滿時，商議一適當之臨時辦法也。

芳使云：所謂 Termination（終止），其解釋若何？貴

國方面主張，係廢棄舊約耶？抑加以修改耶？

總長云：吾所謂 Termination 非 Renunciation（廢棄）之意。

芳使（索閱條約後）云：若貴國方面果忠於該條約第二十六款規定，則應作 revision（修改）之解釋，鄙見勿論其為根本的、或部份的，貴國當局之意，似亦在修改而非完全廢棄也。按此事與關稅法權兩會議有關，且內不乏專門事項，必須先就貴方照會內容研究後，再定方針，但對於貴方提議，必以友意加以考慮，而為兩國之親善關係，共同努力也，前閱報載，中比商約期滿，中政府已向比政府提議廢舊訂新，但被拒絕等語，究竟如何？又有交國際聯合會或仲裁機關公斷說，確否？

總長云：本部曾於春間向比國當局聲明，中比商約期滿後失效，彼答以依照該約條文，雖祇允比國方面提議修改，然比政府甚願以好意考慮，但所提滿期後即失效力一層，礙難承認，至交付公斷一節，曾有提及，但比方對之，似不甚緊迫。此事現正彼此磋商中。

駐日本公使館抄送談話紀錄第六號

民國十六年四月十五日

顧維鈞總長會晤日本芳澤公使談話紀要

沈秘書觀鼎在座

中日修約期間展期事

總長云：本國政府前提議，根本修改中日現行商約時，按照條約預定於期滿後，六個月內商訂新約，假使期滿未成，則屆時不得不宣示決定對於舊約之態度，對於此

點，曾聲明保留。按開會以來，彼此努力協商，已有頭緒，祇因修約範圍既廣，關係亦頗複雜，現在預定期間將屆，其不能於期內議完已明，似須磋商展期，俾得繼續進行。茲先與貴使接洽，然後擬以公文提議展期，並照原提議作同樣之保留。

芳使云：尊意本使亦表同感，貴總長提議展至何日？

總長云：預定期間，以四月二十日為滿期，現擬展期三個月，即至七月二十日止，希望於此三個月內議完各項問題，原定期間，雖係六個月，而因種種之關係，未能如期開議，事實上祇經三個月而已。

芳使云：所擬展期三個月，在本使個人並無異議，但先須電商本國政府，用請稍待，俟得政府同意後，方行公文手續。又中日商約包括許多問題，苟不速議，恐難如期議了，而彼此公務甚忙，似宜將約中某項部分交委員磋商，以資襄助而利進行。

總長云：所提余自予贊同。關於約中專門事項，如法權等事已交委員磋商，下次會議或可商定，其他何項問題應委其接洽。

芳使云：在所擬之展期期內，現行中日商約應繼續其效力。

總長云：在展期期內，暫可不提及此事，但途起草原提議時，因鑒於本國輿論，故聲明上述之保留，現擬展期，自仍須作同樣之保留。

芳使云：貴總長所處地位，本使頗諒解。

駐日本公使抄送談話紀錄第十一號

民國十六年五月十四日

沈覲鼎秘書往晤日本芳澤公使談話紀要

中日商約草案事

覲鼎云：茲奉總長命，特來面遞中日改訂新商約草案內容，略與二月一日之提案大綱相同，至關稅事項因正在商議，故未載入。

芳使（接收草案）云：提目用 outline 字樣，是否仍係大綱，鄙意以為此時已可擇較詳之條文矣。

覲鼎云：內容具條文形式，似詳於大綱。

芳澤（粗覽一遍）云：修約範圍頗廣，內似不乏日方礙難同意之點。此次展期三個月內，能否議完，不無疑問。

覲鼎云：此所以我方提議暫擱最惠國條款而討論其他問題，以資促進。

芳使云：日前顧總長與本使晤談之要點，業電達本國政府，祗以政府頗堅持關於最惠國條款之主張，似不欲與他項問題並議，故回訓如何？尚難預料。此項條文草案，當亦即轉達本國政府，茲僅粗閱，未便發表意見，範圍頗廣，自須從長研究；惟中政府欲收回租界，而開作國際商埠云云一條，果能收回租界，則開作商埠，乃屬當然，其實日方所希者，乃在開放內地。

覲鼎云：貴國對於交還租界所持態度。

芳使云：法權事現正由雙方專門委員接洽。

駐日本公使館抄送談話紀錄第二十六號

民國十六年九月七日

顧維鈞總長會晤日本芳澤公使談話紀要

沈覲鼎在座

中日修約會議繼續開會事

芳使云：中日議訂新商約會議，本國方面亦願繼續開會，其進行方法苟可認為於雙方有益者，本使無不贊成。

總長云：貴使與顧前總長，曾會議十九次，而大半均費於最惠國條款之討論，彼此議論雖極有興味，惜未獲多大結果，似宜改變方針，冀收速效，余以為此後宜先由雙方專門委員或適當人員，就修約全案交換意見，俟議有相當程度後，再由我輩會商，似此既省時間，而專門委員等間之討論亦較為自由也。惟如有宜逕由我輩直接協商者，自願隨時候教。

芳使云；尊見甚是，所提進行方法，本使完全贊同，憶本使假中曾經堀代使關於此事有所晤商，本使以為此後專門委員間續議最惠國條款問題，以竟全功亦可，或轉議其他問題亦可。

總長云：本部擬派唐參事或其他一二名與貴館人員開始討論一般問題，又本會議前因事故停頓，現在賡續會議，似宜開一大會，未審尊意如何？

芳使云：敝館擬由堀參事官或重光書記官或其他一二人擔任，至開大會一節，似可不必，為省事起見，即以本日貴總長與本使之晤談作為繼續開議之表示則是矣。

總長云：如此亦可。

駐日本汪榮寶公使呈王正廷部長函

民國十七年八月七日

儒堂仁兄部長閣下，七月二十七日，寄上一緘，計蒙青察，敬惟勛望日隆，為頌無量，關於改正條約問題，日本政府復文，聞於八月一日由芳澤公使封發，迭向外務省探詢，僅悉大旨，未見全文。今日計此項公文可達南京，復往外務省索閱，當經有田亞細亞局長將原稿檢示，詳加披讀，覺與上月二十八日田中首相面允改定語意，尚多不符，即向有田局長質問，彼謂二十八日首相允將要求國民政府取消廢約通告一層不提，此次覆文中並未提及此項要求，即是當日談話要旨，日本政府不能承認現行條約可由一方任意宣告廢棄一節，乃係根本主張，無論如何，斷難讓步，只須中國諒解此點，便可開始議訂新約之交涉。當經答以中國方面，因諒解日本政府誠意，故允於議訂新約期內，將對日適用臨時辦法一層，酌予考慮，即是十分禮讓，假使日本政府僅於覆文中聲明自己主張，表示不肯承認條約失效之意，一面仍以親切態度，依照中國來文，派定全權議訂新約，則中國政府或亦可省卻許多辯駁，即行從事新約之商訂，其結果，實即與日政府所要求者無甚差池，今必欲中國政府更以明文確認舊條約之有效，是不啻迫中國政府以難行之事，而徒予兩國國民以增加誤會之機會，畢竟有何意義？彼謂關於條約效力問題，決非可以含糊了事，苟彼此無明確解釋，則一切權利義務，均日在動搖之中，危險甚多，且此項要求，乃日本全國輿論一致之點，政府斷不能不積極主張者，為此往復辯難，終未

得何者歸宿而散。頃見民政黨發表第三次對華宣言，
其關於條約問題之意見，完全與現政府一鼻孔出氣，
亦可見彼國一般輿論之趨勢。除已摘要電達外，合再
闡陳，敬乞鑒察，祇頌勛安。

汪榮寶頓首　八月七日

外交部電駐日本汪榮寶公使

民國十七年八月二十日

十碼極密，十七、十九日電均悉，臨時辦法，依嚴格而
論，自舊約期滿日起，應即實行，本部為兼顧事實起
見，上月致電，已曾聲明，如彼方以誠意商訂新約，則
臨時辦法施行日期，可酌量辦理。十七日電請向日外部
表示，我方重在改訂新約，仍係本□電之旨，冀努力於
事實上之進行，藉以調劑法理上之爭執，與來電所稱開
議中維持現狀，大致不相刺謬；但法理上我方主張決難
放棄，倘彼方允即派員開議，則雙方自又暫以事實為前
提，專致力於新約。希本此意，酌示彼方，竚盼電復，
外交部。

二　關於最惠國條款問題

照抄日本公使館問答第十二號

民國十六年五月廿五日

總長會晤日本芳澤公使談話紀要

沈覲鼎在座

最惠國條款問題

芳使（用英語）謂：上次晤談後，當詳細報告本國政

府，現奉回訓略謂：中國當局或有誤會者，再向之說明，日本之要求，實屬有限，僅欲享得關稅上特惠，並均霑中國將來或許於第三國之特惠（其實此二點本席在會議上已再三說明，似無庸贅述）。本國政府並無意要求對於關稅事項之紛爭，有提交公斷院之權利，以及其他行政上問題等語。（按在採運進出口貨商人之間，對於關稅事項發生爭執時，有提交公斷之例，本國政府之意，似指此而言）。回訓如是，貴總長對於最惠國問題（關稅事項）之聲明一層，可否再予考量。

總長（用英語）謂：關於稅則上之最惠國條款，若將最近之會議，經過情形，較諸會議之初，則知我方如何努力，冀副貴方希望，上次會議，余曾表示，倘日方能同意一般的最惠國條款之適用，係有條件性質，則余對於關稅之最惠國條款以無條件適用一層，可允考量，乃貴方未予諒解。故余提議將最惠國條款問題，暫行擱置，而討論其他問題，以利進行，諒貴使已向貴國政府說明。

芳使云：本使曾詳細報告貴總長意思，惟本國政府命再向貴總長說明，日方所要求，實屬有限；即關稅事項，亦無意涉及行政方面。

總長云：貴國政府對於一般的最惠國條款有何表示？

芳使云：本國政府意如貴總長聲明，對於關稅之最惠國條款，允以無條件，則可同意討論一般的最惠國條款以及其他問題。

總長云：余對於貴方所要求「稅則之最惠國條款不附條件一層」，並未拒絕予以考量，祇以為此問題曾會議十

餘次之多，仍未完全一致，故提議容後解決，而轉商其
他問題，蓋是時或能使我方對於貴方關於稅則之最惠國
條款之要求，易得通融之辦法也。

芳使云：本國政府似以關稅之最惠國條款一項若未議
決，而轉商其他問題，則恐亦有障礙，會議仍難順利，
尤如先決關稅之最惠國條款問題，庶可會議前途，較有
希望，蓋本國政府甚重視最惠國條款（於關稅事項者尤
然）故也。

總長云：我方亦重視此條款，余所以提議轉商其他問
題，純為進行會議起見，斷然輕視最惠國條款問題也。
貴國政府於一般的最惠國條款，有意外作一種聲明否？

芳使云：本國政府主張一般的最惠國條款，關乎最惠國
條款之原則，其適用必須無條件，惟關於某種各個事項
如有必要時，可酌附條件耳。

總長云：所提一般的最惠國條款，是否限於通商航行，
不涉及政治事項？

芳使云：然。

總長云：關於一般的最惠國條款之適用，倘余能得貴使
一種聲明，余對於稅則上最惠國條款之無條件適用，可
予好意的考慮。鄙意此項問題，縱暫行擱置，然無論如
何，在訂約期內，必須解決。望貴國當局不必堅持，現
須有聲明或特別表示之類，蓋予已表示對於稅則上最惠
國條款不附條件一層，允以考量之意也。

芳使云：貴總長未允在會議錄內聲明此意。

總長云：如貴方堅持此點，則余必將聲明此意，而載入
會議錄，以利進行。

芳使云：可否以所擬聲明之措詞見告。

總長云：余可允以聲明如下：

If we go on with other questions now, I shall have no objection to considering later the point of the unconditional application of the most favored nation clause relating to customs duties and I have no objection to have this statement recorded in the minutes of the conference.

芳使云：本國政府希望貴總長聲明『對於關稅之最惠國條款不附條件一層可無異議』。故對於此種措詞，恐難予同意。

總長云：余現對於稅則之最惠國條款欲不附條件一層，大有異議，此所以提議暫擱之而議其他問題也。貴國政府或慮若議其他問題，則不再提稅則之最惠國條款問題，是非余意也。

芳使云：本國政府當無此種顧慮，但似恐如轉議其他問題，則貴總長對於我方所要求關稅之最惠國條款不附條件一層，必不予同意，此項要求為我方所最重視，萬難讓步，現為避免 deadlock 計，本使提議 "no objection to considering favorably" 字句，如蒙同意，則本使可電請政府考量。

總長云：favorably 此字不能解為表示 acceptance（承諾）之意。

芳使云：所謂 favorably，乃貴總長傾向於承諾之意。

總長云：如要余加此字，則余須在 unconditional 之後加 and equitable 字樣。

芳使云：須加 equitable 之意思如何？

總長云：貴國政府要 unconditional 之理由，余尚諒解，
但即使 unconditional，亦不應 unreasonable。故擬加為
equitable 字樣，以防備漫無限制。

芳使云：本使不能同意加此字，蓋無條件即無條件，無
所謂公平不公平也。本使頃所提之 favorably 字樣，猶
恐難得本國政府同意。況此 equitable 乎？

總長：措詞一層，僅屬枝節，如吾人繼續討論，或無須
此種防備；但今日貴方堅要余之聲明，且欲加 favorably
字樣，則余不得不添加 equitable 字樣，貴國政府是否
欲先商決最惠條款，然後始討論其他問題？

芳使云：然。本國政府以為最惠國條款問題（尤以關於
關稅者為然）未決，則其他問題無從進行。

總長云：余之看法則異，以為如轉商其他問題，後復議
最惠國條款問題，則或有接近辦法，否則無從進行，如
貴使恐貴國政府對於頃余所提議之措詞，難予同意，
則不妨改為 "no objection to considering later favorably
equitably" 以示通融。

芳使云：仍恐本國政府難予同意，但為謀接近起見，
容當請示，惟所謂 favorably 須能為貴總長傾向於承諾
之意。

總長云：望早有回音。

芳使云：本使奉召暫行回國，擬於六月四日離京，所
有修約以及其他一切公事，均暫由堀參議代辦。

總長云：望在貴使起程以前，能開一、二次會議，因
開會愈延宕，愈招外間之疑惑也。

芳使云：此須視本國政府之回訓如何，在本使個人力

謀避免 deadlock，祇恐本國政府對於最惠國際條款主張
頗為強硬耳。

第四節　中國所擬有關通商各種草案

一　中日友好通商航海條約草案

民國十八年五月

大中華民國、大日本帝國為鞏固兩國固有睦誼，發達彼
此商務，並增進兩國人民相互利益起見，決定以平等及
互尊主權之原則為基礎，訂立友好通商航海條約，為此
簡派全權代表如左：

大中華民國國民政府主席特派　　為全權代表

大日本帝國皇帝特派　　為全權代表

兩全權代表將所奉全權證書，互相校閱，均屬妥善，議
定各條於後：

第一條　本約適用於兩締約國領土全部及委任統治地。

第二條　大中華民國，大日本帝國及兩國人民間應永
　　　　敦和好，歷久不渝。

第三條　兩締約國承認光緒二十二年六月十一日（明
　　　　治二十九年七月二十一日）中日通商行船條
　　　　約及光緒二十九年八月十八日（明治三十六
　　　　年十月初八日）中日通商行船條約續約均已
　　　　滿期失效，嗣後兩國間通商航海關係，均依
　　　　照本約處理。自本約互換批准之日起，所有
　　　　與本約有關之一切事項，其現行辦法與本約
　　　　相牴觸者，概適用本約之規定。

第四條　兩締約國有互相派遣正式外交表代之權，此
　　　　項代表在所駐國應互相享受國際公法所承認
　　　　之一切權利優例及豁免。

第五條　兩締約國領土內設有他國領事館之地方，彼
　　　　此均有派駐總領事、領事、副領事、代理領
　　　　事之權，此項領事，應享受國際通例所承認
　　　　之待遇，並得行使國際通例所承認之職權。
　　　　彼此領事於就職之前，均依照國際通例向所
　　　　駐國政府取得執行職務證書；但所駐國政府
　　　　如有正當理由，得將此項證書撤回。
兩國政府不得任命所駐國經營工商業人民為領事；但名
譽領事不在此限。
第六條　兩締約國人民得自由往來於兩國之間；但彼
　　　　此入境時，應持有本國主管官廳發給之護照，
　　　　其護照應由所往國領事館簽證，方得生效。
　　　　此項簽證費，應取相互優待之辦法。
第七條　兩締約國人民，在彼此領土內，其身體及財
　　　　產，應受所在國法令充分之保護，並得遵照
　　　　所在國法令之規定，有游歷、留學、居住、
　　　　作工及經營工商業之權；惟以本約簽字時兩
　　　　國人民所能游歷、留學、居住、作工及經營
　　　　工商業之處為限。
兩國人民在彼此領土內，准許游歷、留學、居住、作工
及經營工商業之各地方，應遵守所在國法令。
第八條　兩締約國人民，在彼此領土內，所有民刑訴
　　　　訟案件，均應與所在國本國人民受所在國同
　　　　樣法律之支配及所在國法院之管轄。
兩國人民，為行使及防衛自己權利起見，有向所在國法
院聲訴之權，並得與所在國本國人民一律自由選任律師

及代理人，其他一切關於司法事項，均應與所在國本國
人民享有同等之權利及特惠。

第九條　　兩締約國男女工人，彼此入境時，應互相享
　　　　　有入境之權利，入境後應與所在國本國工人
　　　　　享有同等之保護及待遇。

第十條　　兩締約國政府在各自領土內，不得令對方人
　　　　　民服任何兵役，亦不得加以任何代替兵役之
　　　　　稅捐、徭役、或軍事徵收、或強募公債。

第十一條　　兩締約國人民，在彼此領土內，私人所有
　　　　　財產，有自由處分、自由輸出、自由滙出
　　　　　及自由寫立遺囑任意處分之權，如所有人
　　　　　身故，依照其本國法律無合法繼承人，而
　　　　　所有人生前對於其財產又未有遺囑之處分
　　　　　時，則其不動產應依照所在國法律處理之。
　　　　　其他財產則應交由該管領事館，依據其本
　　　　　國法律保管處理之。若在海上身故，其所
　　　　　遺隨帶財物，應送交最近該管領事館保管
　　　　　處理之。但關於此等事項所納之租賦、稅
　　　　　捐，不得超過或異於所在國本國人民在同
　　　　　樣情形下應納之數。

第十二條　　兩締約國政府，於彼此領土內對方人民之
　　　　　公用房屋、私人住宅、工商業應用之棧房、
　　　　　店舖、與一切附屬產業，及應用物件，除
　　　　　按照現行法令辦理外，不得搜索或檢查。

第十三條　　兩締約國領土內，凡本國所產未製或已製之
　　　　　貨物進口、出口、或通過於彼此領土時，其

所納進出口稅、內地稅暨其他稅款，以及其
關係事項，悉依各本國法令之規定辦理。

第十四條　兩締約國領土內，凡本國所產未製或已製
之貨物，運輸進出口時，兩國政府不得設
立不適用於自任何第三國進口或向任何第
三國出口之同樣貨物之禁令及限制。

但關於國防、民食、公安、衛生、文化、古物、國家專
賣、保護國民經濟及維持善良風俗等事，兩國政府得隨
時自定進出口之禁令及限制。

第十五條　兩締約國政府，對於兩國人民所用商標圖
樣及各種發明，曾向所在國主管廳呈准註
冊者，彼此均應照例保護。

第十六條　兩締約國依照國際通例，各保留其本國內
河行船及沿海貿易權於其本國人民。

第十七條　兩締約國政府准許彼此商船駛入並停泊於
彼此沿海，准予第三國商船駛入或停泊各
商港內。此項商船，應完全遵守各商港一
切章程之規定。

在中國沿海商港以內之日本船隻、及在日本沿海商港以
內之中國船隻、以及船上貨物與材料，兩國政府不得無
故扣留。

第十八條　兩締約國各種商船，在彼此沿海地方觸
礁、遭風、或遇他項危險時，均得駛入彼
此港灣口岸內暫避，由當地官廳通知最近
該管領事館，並按照國際通例予以救助。
該商船並得修理損壞，購辦必需糧物，即

行出口。此項商船，在暫避地點有不得已
情事，須卸售商貨時，應遵照所在國法令
完納稅項。

第十九條　此締約國之軍艦及輸送軍隊或軍用品之商
船，非得有彼締約國政府之特許，不得駛
入其領海港灣及口岸以內，如此項軍艦或
商船在彼締約國沿海地方觸礁、遭風、或
遇他項危險時，當地官廳應按照國際通例
予以救助。

第二十條　此締約國商船在彼締約國領水內，船上內
部發生紛擾，經當地官廳認為妨害當地治
安時，應由該官管轄處理。

第二十一條　本約自互換批准之日起，以三年為期，
期滿前六個月，締約國之任何一方，得
通知修改或廢止。如屆時雙方均未互相
通知修改或廢止，則本約繼續有效；惟
期滿後締約國之任何一方，得隨時通知
修改或廢止。自通知之日起六個月後，
本約即行失效。

第二十二條　本約以　　國文字合繕，遇有解釋不同
時，以　　文為準。

第二十三條　本約應由兩締約國按照法定手續，於最
早期間批准，自兩國政府互換批准文件
之日起，發生效力。

大中華民國十八年五月　　　日
　　　昭和四年五月　　　日　訂於　　本約共繕兩份

二 修改中日商約關於內河及沿岸航行條文草案

民國十六年六月十日
條約研究會通過

（一）兩締約國之沿岸貿易及內河行船，各以其國之法律命令之，不在本條約規定之列。

（二）兩締約國一方之船舶得駛往他一方版圖內二處以上之通商口岸之一，卸下載貨之一部，而以其餘載貨運往其他之一口岸或數口岸分卸之。但應遵守到著國之國法稅則及稅關規則，又依同樣方法及同一限制，兩國一方之船舶由他一方之口岸向國外發航之途次得在該國內數口岸，裝載貨物。

（三）中國政府允准自本條約實施之日起，以一年為限，所有日本在中國境內江河航行貿易之船舶，仍照本約訂立時之現狀，航行貿易。但須遵守中國現行或將來關於航行所訂定之法律命令，並照章繳納各項鈔課稅捐，日本政府允准中國船舶依照前項辦法於上述期內，亦得在日本境內江河航行貿易。現在所有日本在中國沿岸航行貿易之船舶，以照本約訂立時之現狀為限，按照前項規定繼續航行貿易，以三年為限，但須遵守中國現行或將來關於航行所訂定之法律命令。並照章繳納各項鈔課稅捐，中國船舶於上述期內，亦得在日本沿岸航行貿易。

第五節　中日關稅協定之訂立

一　中日關稅協定及附件

（一）中日協定

大中華民國國民政府、大日本帝國政府經由彼此代表同意締結各條如下：

第一條　中國政府及日本政府，彼此同意，凡在中日兩國國境內關於貨物進出口之稅率、存票、通過稅、船鈔等一切事項，完全由中日兩國彼此國內法令規定之。

第二條　中國政府或日本政府彼此關於進出口貨物所適用之海關稅、存票、通過稅及其他各種相似之內國稅捐、並船鈔、及與上述各項有關之一切事項，給予彼國政府或其人民之待遇，應不較次於現在或將來給予其本國人民或任何他國政府及其人民之待遇。

中國或日本國境內之出產品或製成品，輸入彼國境內者，不論來自何地，其進口稅、存票、通過稅、及其他一切相似之內國稅捐、以及與上述各項有關一切事項，所受之待遇，應不較次於現在或將來給予任何他國同樣出產品或製成品之待遇。

中國或日本國境內之出產品或製成品向彼國境內輸出者，其出口稅、存票、通過稅、及其他一切相似之內國稅捐、以及與上述各項有關一切事項所受之待遇，應不較次於現在或將來給予自該國境內向任何他國輸出之同樣出產品或製成品之待遇。

中國或日本船隻其在彼國境內關於船鈔及與船鈔有關一切事項所受之待遇，應不較次於現在或將來任何他國船隻所受之待遇。

第三條　上開各條及附屬於本協定之交換文件內各規定，應載於中日兩國間於最短期內，即將商訂之通商航海條約內，並為其一部分。

第四條　本協定之中文、日文、英文，均經審慎校對無訛，倘其中意義有不同時，應以英文字義為準。

第五條　本協定應自簽訂之日後第十日起發生效力。

本協定繕寫兩份訂於南京。

大中華民國十九年五月六日

大日本帝國昭和五年五月六日

中華民國國民政府外交部長　王正廷　印

日本帝國駐華代理全權公使　重光葵　印

（二）附件一

（本協定各附件僅用英文無中日文下列中文文件均自英文譯出）

日本駐華重光代理公使致王部長照會

大日本帝國駐華代理全權公使重光

照會事，關於本日簽訂之協定，茲將日本政府之見解奉達如下：

一　自本協定發生效力之日起，中國政府將於三年期內，維持附表甲部之第一、第二、第三款應課之稅率，並於一年期內，維持該附表甲部第四款應

課之稅率，各該稅率為對於日本國境內出產品，
或製成品向中國境內輸入之各該款貨物，在各該
時期內所課之最高進口稅率，但關於稅率之增加，
經中國政府在該表內聲明保留者，不在此限。

二　自本協定發生效力之日起，日本政府將於三年期
內，維持附表乙部所列三款之稅率，各該稅率為
對於中國增內出產品或製成品向日本境內輸入之
各該項貨物，在該時期內所課之最高進口稅率。

上述見解請貴部長予以證實。相應照會貴部長查照為
荷，須至照會者。

　　　　　　右照會　大中華民國外交部長王

　　　　　　大日本帝國昭和五年五月六日

附表（甲部）

款項	貨物種類	一九二九年中國海關進口稅則號數
一	棉貨類	一至十・十二至十四・二二至二四・二六至三二・三七・三八・四〇〇・四三・四六・四七・五一・五三・五八・五九・
二	魚介及海產品	一九六至一九九・二〇二・二〇五・二〇六・二一三・二一六・二一七・二一八・二三一・
三	麥粉	二八〇
四	雜品	三〇二・五六七・五六八・六〇三至六〇五（a）・六一二・六四七・六五二（b）・六六六（b）・六七七（c）・六八五・七〇六・七〇九（f）・七〇九（g）・七一〇・七一五・

本表甲部所載號數所表示之貨物，除下列各號祇指明其
所列舉者外，餘與一九二九年中國海關進口稅則同一各
號所載貨物相同。

六五二（b）	膠皮鞋膠皮靴及膠皮製（全部或一部）之足袋類。
六六六（b）	每打價不過四十海關兩之鐘及具備鐘之各機件可作一單件計者。
六七七（c）	每打價不過十五海關兩之呢製（非獺製或非毛製）帽及便帽。
七〇六	每打價不過十五海關兩之自動調溫器及其零件。
七〇九（f）	電氣機器及其零件。
七一〇	玩具及遊戲用品。
七一五	每件價不過四十海關兩之車輛及腳踏車（例如雙輪腳踏車等）之未經另行特載者。

本表甲部所列各項貨物稅率，應與上述稅則同一號數之稅率相同，本表所列各號未用直畫標出各項貨物稅率，中國政府保留增加上列稅率之權。但其增加不得超過從價百分之二・五，增加上述稅率時，如遇從量稅率，應一律根據上述稅則所定稅率之現行稅則完稅價格，一律根據一九二八年編訂物價委員會所採用之完稅價格。

中國政府對於進口棉紗（五一號），除徵收進口稅外，保留另徵特稅之權。

附表（乙部）

款項	貨物種類	現行日本進口稅則號數
一	夏布	二九九・五・（寬過四十八生的密達者除外）
		c一・a一至a四・
		c二・a一至a四・
二	綢緞	三〇三・三・A・a及b・
三	繡貨	三〇八・（以手工製成者為限）

本表乙部所列號數所表示之貨物，除另有規定外，與日本現行進口稅則所列同一號數下之貨物相同。本表乙部第一款所列貨物之稅率，應與日本現行進口稅則所列同一號數下之稅率相同，本表乙部第二款第三款所列貨物

之稅率，應較現在按照關於奢侈品及類似物品進口稅法
所課之稅率少百分之三十。

王部長致日本駐華重光代理公使照會

大中華民國外交部長王照會事，接准本日照稱，關於本
日簽訂之協定通知日本政府見解如下：

一　自本協定發生效力之日起，中國政府將於三年期
　　內，維持附表甲部之第一、第二、第三款應課之稅
　　率，並於一年期內維持該附表甲部第四款應課之稅
　　率，各該稅率為對於日本國境內出產品，或製成品
　　向中國境出輸入之各該款貨物，在各該時期內所課
　　之最高進口稅率，但關於稅率之增加，經中國政府
　　在該表內聲明保留者，不在此限。

二　自本協定發生效力之日起，日本政府將於三年期
　　內，維持附表乙部所列三款之稅率，各該稅率為對
　　於中國境內出產品或製成品向日本境內輸入之各該
　　款貨物，在該時期內所課之最高進口稅率。

上述見解請為證實等因，茲本部長代表中華民國國民政
府，認為此項見解並無錯誤，相應照會貴代理公使查照
為荷。須至照會者。

　　　　　　右照會　大日本帝國駐華代理全權公使重光
　　　　　　　　　大中華民國十九年五月六日

附表（甲部）——見前

附表（乙部）——見前

（三）附件二

王部長致日本駐華重光代理公使照會

大中華民國外交部長王為照會事，關於本日簽訂之中日協定，應請貴代理公使代表日本政府，證實本部長下述之見解，即自本協定發生效力之日起滿四個月，中國海關稅則前此對於經過中日陸邊進出口貨物之減稅稅率，應即廢除，嗣後海關稅率適用於該項貨物不再減徵，相應照會貴代理公使查照為荷，須至照會者。

右照會　大日本帝國駐華代理全權公使重光

大中華民國十九年五月六日

日本駐華重光代理公使致王部長照會

大日本帝國駐華代理全權公使重光

照會事本日接准來照內開，關於本日簽訂之中日協定，應請貴代理公使，代表日本政府，證實本部長下述之見解，即自本協定發生效力之日起滿四個月，中國海關稅則前此對於經過中日陸邊進出口貨物之減稅稅率，應即廢除，嗣後海關稅率適用於該項貨物，不再減徵等因，茲本代理公使，代表日本政府，對於貴部長之見解認為無誤。相應照復，即請查照為荷，須至照會者。

右照會　大中華民國外交部長王

大日本帝國昭和五年五月六日

（四）附件三

日本駐華重光代理公使致王部長照會

大日本帝國駐華代理全權公使重光

照會事，茲向貴部長提及，當彼此商議海關稅則問題時，得悉中國政府擬於最短期內廢除有妨礙在中國貿易發展，如釐金、常關稅、沿岸貿易稅、通過稅及其他類似各稅等一切稅捐，應請貴部長將中國政府現在或將來用以實行上述意見之辦法示知，相應照會貴部長查照為荷，須至照會者。

　　　　　　右照會　大中華民國外交部王
　　　　　　　　大日本帝國昭和五年五月六日

王部長致日本駐華重光代理公使照會

大中華民國外交部長王照會事，接准本日貴代理公使照會內開，茲向貴部長提及，當彼此商議海關稅則問題時，得悉中國政府擬於最短期內廢除有妨礙在中國貿易發展如釐金、常關稅、沿岸貿易稅、通過稅及其他類似各稅等一切稅捐，應請貴部長將中國政府現在或將來用以實行上述意見之辦法示知等因，茲奉達貴代理公使中國政府現正極力設法於最短期間，並於最大可能範圍內廢除來文內開各項稅捐，並已明令自本年即一九三〇年十月十日起廢除釐金，並令財政部長採用一切必要方法，俾此項命令見諸實行。相應照會貴代理公使查照為荷，須至照會者。

　　　　　　右照會　大日本帝國駐華代理全權公使重光
　　　　　　　　大中華民國十九年五月六日

（五）附件四

日本駐華重光代理公使致王部長照會

大日本帝國駐華代理全權公使重光照會事，日本債權人借與中國無擔保及擔保不足之款計有多宗，為數甚巨，亟宜從速整理，日本政府提議由中國政府於最早日期內召集各債權人代表會議，應請貴部長將中國政府現在或將來用以實行上述整理之辦法示知。相應照會貴部長查照為荷，須至照會者。

右照會　大中華民國外交部長王

大日本帝國昭和五年五月六日

王部長致日本重光代理公使照會

大中華民國外交部長王照會事接准本日貴代理公使照會內開，日本債權人借與中國無擔保及擔保不足之款計有多宗，為數甚巨，亟宜從速整理，日本政府提議由中國政府於最早日期召集各債權人代表會議，應請貴部長將中國政府現在或將來用以實行上述整理之辦法示知等因，茲奉達貴代理公使，中國政府現已自海關收入項下，每年提存五百萬元，以為整理中國內外債之用，並擬於本年十月一日或於是日前召集一債權人代表會議，於此會議，將關於整理之適當計畫（包括增加上述數額之辦法）提付討論，俾便設法實行該項之整理，相應照會貴代理公使查照為荷，須至照會者。

右照會　大日本帝國駐華代理全權公使重光

大中華民國十九年五月六日

（六）附件五

簽訂中日協定雙方代表會議錄

一九三一年五月六日在南京

出席代表　中華民國外交部部長王正廷

　　　　　日本國駐華代理全權公使重光葵

中國代表聲明本協定第三條所規定之『換文』字樣，不包括協定之第四附件，即關於整理中國無擔保品及擔保品不足債款之換文。

日本代表聲明，與中國意見相同。

王正廷

重光葵

附錄　立法院呈報關於議決中日關稅協定文

為呈請事，查本院於五月十日本院第八十八次會議，關於委員衛挺生、王用賓、劉克僑、陳長蘅、馬寅初、邵元冲等提議，中日關稅協定第五條規定，本協定自簽訂之日後第十日起發生效力，有違背國民政府組織法第二十五條第二項之規定，應遵照治權行使規律，提出之質詢一案，當經外交部次長李錦綸列席陳明，報載中日關稅協定第五條文字與原文相同，即行議決（一）應請行政院迅將中日關稅協定一案送院討論，（二）於本月十二日上午九時開第八十九次會議討論，中日關稅協定案並請外交部部長列席，隨即錄案函達行政院，嗣准行政院第一九零號咨抄同外交部呈文中日協定及附件，簽訂中日協定雙方代表會議錄，中日協定英文本送院，又

准國民政府文官處第三一七七號公函開，奉國民政府交
下外交部呈，為繕具中日關稅協定及附件會議錄，連同
批准書各一份，請鑑核依法批准，蓋用國璽仍予發還一
案，奉批交立法院速議復等因，除函復外，相應抄檢原
件函達查照辦理，計抄送原呈一件，檢送協定及附件四
件，共二本，會議錄批准書各一份，辦畢仍祈檢還等由
到院，即於五月十二日開第八十九次會議由外交部部長
王正廷列席陳述意見當經議決：（一）付法制外交、財
政、經濟、軍事五委員會審查，由法制委員會召集，準
本日下午三時開會，並依立法院組織法第十七條之規
定，請財政部部長列席。（二）本案準十二日下午審查
完畢，於十三日上午開第九十次會議，提出討論，現經
依照上列議決審查完畢具報前來，再於五月十三日開第
九十次會議，當經議決，認為該協定第五條係指呈奉國
府批准後，其效力發生之期間，雖用語過於省略，尚無
違礙。稅率各點，在相當期間內，亦屬可行，應予通過；
惟對於第五條用語，應鄭重聲明：此後不准有同樣之疏
忽，以杜流弊。又請令主管機關此後應注意國民政府組
織法第二十五條第二項之規定，以明責任。再該協定附
件四，整理無擔保或擔保不足之債款，於召集債權人代
表會議時，尤應注意本黨對外政策第四第六兩條之規定
在案，茲謹錄案。呈請鑑核施行，謹呈國民政府。

立法院院長　胡漢民

中華民國十九年五月十三日

二 批准書

民國十九年五月

本政府前派外交部長王正廷為中日條約會議全權代表，所有該全權代表於民國十九年五月六日與大日本帝國所派代理全權公使在南京簽訂之關稅協定及附件四件會議錄一份，茲本政府特予批准，為此署名蓋璽，以昭信守。

國民政府主席　蔣中正

外交部長　　　王正廷

大中華民國十九年五月　日

第六節　日本對華修改進口稅則提出抗議

一　日本提出之說帖

日本駐京代表日高參贊面交之說帖

民國廿二年六月卅日上午十一時面交朱司長

（一）新近關稅稅則之修訂，其目的在予日本貨物以不利，可於下列事實見之：

（甲）日本對中國之二宗主要輸入品為棉布與海產，其稅率已較舊關稅增加百分之一〇〇至百分之六〇〇。

（乙）其他重要日本貨物之關稅，亦大為增加，例如煤增加百分之一〇二，麵粉依舊稅則免稅，今則每擔抽課〇・二五海關金單位矣。

（丙）其外之日本貨物，增稅亦不少，例如水門汀增加百分之一〇四，橡皮鞋增加百分之七一，電料增加百分之五〇（參看新稅第二六三 C），腳踏車增加百分之三三。

（丁）但同時對於日本以外其他各國輸入之重要貨物，如煙草、火油、摩托車、機器等、其關稅幾毫無增加。

（戊）尤有進者，日本貨物與其他外國貨物之間，顯有差別待遇。例如：（一）腳踏車係大半由日本輸入者，其關稅遂有增加，而摩托車則不甚受關稅增加之影響。（二）米及大麥等許其免稅，而同為食料之麵粉，以其大部分係由日本

輸入之故，遂每擔新課〇・二五金單位。（三）煉煤及焦煤之關稅，各增加百分之五十及百分之三十三，而較為劣等之煤炭，以其大宗由日本輸入之故，其關稅反增至百分之百。（四）水門汀關稅之增加在百分之百以上，而他種建築材料之關稅則僅增百分之五十。（五）橡皮鞋之關稅已提高至百分之七十一，但他種橡皮製造品之關稅則毫無變動。（六）木材之大宗由日本輸入者或專由日本輸入者，其關稅已增至百分之百至百分之一百九十（參閱新稅則第五八一、五八二、六〇一號）。而他種木料之稅率則僅略有增加。（七）魚及海產之關稅約增至百分之百，而魚翅及魚鰾之關稅反大為減低，前者之由日本輸入近年已大見衰微，後者則全為其他國家輸入者也。

（二）據中國官員聲稱，中國政府之提高關稅，乃由於對銀價低落事件考慮之結果，果如所言，則彼等之提高關稅應普遍及於一切貨物，而不應僅以日本貨物為其主要之對向也。

（三）此次稅則之修訂並不適於增加收入之目的，其理由如次：

（甲）為適應增加關稅收入之目的，則對於與國內工業有激烈競爭之貨物如棉布，其關稅之增加不應與國內工業無競爭之貨物如火油、鋼鐵、機械、糖、摩托車等，同其程度。但目前稅則之修訂適與此原則相反。

（乙）新關稅對於價廉之生活必需品如棉布，課稅高
　　　至從價百分之二十五至百分之三十，而同時對
　　　於價昂之貨物如摩托車、機械、化學製品、照
　　　像器、樂具、奢侈品（如寶石、真珠、香水），
　　　則課稅低至從價百分之五至百分之三十。似此，
　　　實無當於增加收入之目的也。

（丙）新關稅既以與舊稅率同高或較低之稅率課於奢
　　　侈品，如珠寶、裝飾品、香水、奇珍、古玩之類，
　　　則於收入上必無幫助。

（四）在一九二五——一九二六年之北京關稅特別會
議，曾由與會各國（包括日本）之專家制定七級稅率，
中國採用此項七級稅率，遂進而獲得關稅自主。按此
項稅率對棉紗棉布抽課百分之七·五至百分之一〇。
對於他種貨物，則按其納稅力經適當之考慮而定為百
分之一二·五、百分之一五、百分之一七·五、百分
之二二·五、百分之二七·五、俾其稅率較棉紗棉布
約高百分之一〇至百分之二〇，吾人以為即在關稅自
主承認之後，中國亦負有道德上之義務以盡力維持七
級稅率所據以決定之原則，今中國於關稅自主承認後
不逾三年，即突然提高棉布之關稅至百分之三十，並
減低高級貨物及奢侈品之關稅使與棉布同等甚或更低，
實屬背信。

若此言無誤，中國政府忽視七級稅率之原則，其唯一目
的即在妨礙日本對中國之貿易，倘吾人憶及自關稅特別
會議以來日本如何忍受不少犧牲以協助中國獲得關稅自
主，則當知新近關稅之修訂，在日本民族心理將有何種

之影響也。

稅則委屬會關於日本對於一九三三年五月廿二日進口稅則非正式抗議所預備之備忘錄

民國二十二年十二月廿五日

關於日本發言人對於一九三三年五月二十二日進口稅則之正式抗議，下文將指摘其缺少法律上及道德上之根據。如接受該項抗議，則我國所爭得之關稅自主之勝利，將全歸烏有。

但自目前中日形勢上觀之，如部長以為適當，則對於少數日本進口貨品之稅率，似可稍予減輕。如此種減稅甚輕而又能出之以縝密之計畫，則於國家收入上尚無甚不利。如稅則修改對於稅率有減輕之趨勢，則此種減稅辦法，應由我國創議，「完全受中國法律之限制。」

（一）

一九三〇年五月六日中日協定之第一條曰：「中國及日本政府同意，關於所有……在中國境內及日本境內之進出口貨物稅率事，應完全受中國法律及日本法律之限制。」

在上項協定附表滿期後所施行之一九三三年五月二十二日進口稅則，係將該協定精神作第一次之表現，蓋該稅則中稅率，係「完全受中國法律之限制」也。日本對於新稅則之任何抗議，無論其為正式或非正式，均與一九三〇年協定之第一條直接相衝突，不能予以接受。

自上文觀之，日本說帖中第四點實無立場地。中國對於其關稅之規制，應完全依據「中國法律」，不得受

任何法律的或道德的要挾，而將其稅則與七級稅率作為同一水平線。在事實上言之，七級稅率除略有修改外，中國政府於一九二九年時已經採用，且中日關稅協定時，該項稅率仍在有效期間。是以該協定第一條對於中國關稅自主主權，實有顯明的傾向，而絕對不同於根據英美日代表一九二八年在北京關稅特別會議所建議編製之七級稅率。日本說帖中所謂即使中國政府已得有關稅自主權，而仍遵守七級稅率原則之說，不但不合，且非事實，而對於中日協定之精神完全破壞矣。

（二）

日發言人謂：「新稅則實有意阻礙日貨。」蓋以新稅則於重要日貨如棉製品、海產品、煤、麥粉、水泥、橡皮鞋、電料及自行車等比他國重要貨品如烟葉、煤油、汽車、機器等征稅較重也。殊不知此乃中日協定中附表滿期後天然應有之結果，何以言之，該項附表中包括全部進口貨品中約五分一之重要日貨，享受較他國低廉之進口稅率，在該表滿期時，中國政府當然不願此種不公平待遇繼續存在，而今日貨在稅率上不與他國貨物同樣待遇，是以現在問題之中心點，並非為日本發言人所稱新稅率較舊稅率之增加，而為現在稅則中對於重要日貨及他國重要貨物之稅率上之比較。新稅則完全根據貨品性質征稅，對於地方問題，毫無關涉，此可以下表征之，以見其公正無私。下表之百分比係依照一九三一年價值估定者：

類別	稅率百分比之估定	重要來源地
棉製品	二五・〇——三〇・〇	日本，英國
毛織品	四〇・〇	英國
魚及海產品	二〇・〇——三〇・〇	日本
獸產品	二〇・〇——三〇・〇	美國，香港
煤	一二・〇——二三・〇	日本，安南
炭	一五・〇	高麗
麥粉	八・〇〇	日本，加拿大
其他麵粉及雜糧品	二〇・〇	和蘭印度
橡皮鞋	三〇・〇	日本
革鞋	三〇・〇	英國
電料	二〇・〇	日本
電具	二〇・〇	美國
自行車	二〇・〇	日本
汽車	三〇・〇	美國
水泥	四〇・〇	日本，香港
烟葉	五〇・〇	美國
煤油	四五・〇	美國
糖	六〇・〇——九〇・〇	和蘭印度

（三）

茲再將日發言人所攻擊我國各項貨物稅率與日本該同樣
貨物稅率作一比較，可見我國稅率之平和。

按照下表（見原文）除（一）海產品，此為日本最佔優
越地位之產品，（二）煤，有數種煤日本須仰給於外國
進口，及（三）水泥，日本水泥廠頗為發達，三項外，
日本進口稅率，皆高出於我國一九三三年稅率。

二 外交部長與日公使談話紀錄

汪精衛兼部長會晤日本駐華有吉公使談話紀錄

在座：唐次長有壬　高幫辦宗武　有野書記官

時間：民國二十四年三月二十八日上午十時　分

地點：鐵道部官舍

事由：關於中國稅關增稅問題

有吉公使：去年貴國稅率改正時，蒙貴國政府加以善意之考慮，甚為感謝，近聞貴國有增稅之議，本人甚為懸念，貴國進口貨以敝國貨物為最多，此舉對敝國影響甚大，此層擬仍請加以善意之考慮。

汪兼部表：據財政部孔部長報告，最近我國決定取消轉口稅，減輕出口稅，但國家收入因此減少，為補足此中減少數額計，擬略增進口稅，但余對此事已囑孔部長在平均普遍之原則下作去，以避免某一種貨物或某一國受顯著之影響，據孔部長回信，對余之意見完全贊同，故此事想無問題。

有吉公使：去年貴國稅率改訂後，敝國頗受影響，海產物尤甚。年來本人所接希望中國政府減稅之請願書，不可勝數，一旦貴國增稅，敝國影響最大，非他國可比。此點請貴院特別加以善意之考慮。

唐次長：敝國減少出口稅與廢止轉口稅，貴國所受利益甚大，且年來銀價甚高，日幣低落，成本減低，亦可大事彌補，故本人以為此問題在不至影響貴國對華貿易。

注兼部長：敝國政府此次增稅之動機，想貴公使必已了解。總之不至使貴國特受重大影響。

有吉公使：尊意刻已了解，惟日本商人對此事極為焦

慮,故仍望院長特別注意。

汪兼部長會晤日本駐華有吉公使談話紀錄

在座:黃科長朝琴　高司長宗武　有野日使館秘書

時間:民國二十四年四月十五日下午四時

地點:鐵道部一號官舍

事由:改正稅率

有吉:聞中國正籌加徵關稅,去年中國雖修改稅率,日商受惠無多,今復加稅,首當其衝者必為日貨,損失當在不小,甚望中國能加以有同情之考慮。

汪兼部長:關於改正稅率之原因,據孔部長所言,只在謀於撤消轉口稅後收入稅之補償,且無特別對於某一國貨物加以增稅之意,轉口稅有妨害貨物之流暢,一經取消,日貨銷路反能擴大。

有吉:日貨因撤消轉口稅所得之利益是間接的,因增稅所受之損失為直接的,中日關係既在好轉,倘中國若再加稅,必予日商以不良印象,望貴部長加以考慮。

汪兼部長:當再囑主管機關對於採取普遍稅則,不可忽略。

第四章
萬寶山事件朝鮮仇華暴動與中村事件

第一節　萬寶山慘案之發生

一　朝鮮人民非法挖掘溝渠破壞民田

吉林省政府致外交部電

民國廿年七月六日

南京外交部鑒：密江三日電敬悉。長春萬寶山案，該縣府於三月間據三區長呈以縣民郝永德在萬寶山屯，租得荒甸四百餘坰，擬招入籍韓人種稻，經縣批飭先查契約內容，並未准其立案。詎其時郝永德即擅引無籍韓人百八十餘，蜂擁入境，挖掘寬深約三丈餘之水道，長二十餘里，達伊通河岸。此水道侵佔民田甚多，更在河中截流築壩，逼水灌入水道，以培植稻苗。附近民人目覩所有熟地，無故被截兩段，河壩既成，水無宣洩，勢必由水道中漫溢兩岸，數萬畝田地，又必廢棄。當集代表百餘，面求縣府暨市政處，請速制止，否則拼命抗拒。縣處曾切諭民眾，聽候官廳核辦，勿輕啟事端，一面派警前往彈壓，解散韓人。不意我警甫到，駐長日領已派警六人到場干涉。韓人恃此頑抗更甚。而日領復轉電駐遼總領，經向本主席提商結果，雙方撤警再議，嗣即令縣將警撤回。越二日，日警始退。當由周處長與駐長日領約定，韓人應先停工，俟雙方會查定奪，迨會查後，真相大明，即由處擬具解決方法，照知日領，詎日領對我回復掘毀農田停作河壩等主張，完全拒絕。反責我方妨惧鮮人民事，一面又令大幫韓人前來，並令便衣警五、六十人攜帶機關槍前往，佔踞民房，託言護視工作，及上月底彼方水

道河壩工事已經完成，本月一日，遂有民眾三四百人，
各持鍬鋤填塞韓人所開之水道，長及二里有餘。日警
遽向民眾開槍，我警情急強壓民眾，毋許滋事。眾憤
未洩，轉將二區公安局毆傷。二、三兩日，紛擾如故，
幸彼此未有死傷，而日方反謂我警暗助民眾，不准再
來，一面增派日警廿餘名前往，本府據報，已嚴電處
縣，禁止人民妄動，仍責成該處長就外交軌道談判，
以期和平解決。但我方據理抗爭，彼悉悍然不顧。查
此案郝永德原契，本有縣府不准作為無效字樣。該郝
姓乃又租給無籍韓人墾種，既屬違法，水道掘毀民地
甚廣，事先並未得地主同意，他時水患發生，更恐害
及二十里內農田生計，且此端一開，韓人將到處倚日
護符，恃眾作墾，後患尤無紀極。故此時殊有無法讓
步之勢。至電通社大連長春電訊各節，係日方故造消
息，殊非真相。除電東北政委會外，謹將本案經過事
實摘要，覆請鑒核並乞根據事實，向日使嚴重抗議，
仍乞核覆方針為禱。

吉林省政府魚六日

中國國民黨中央執行委員會秘書處致外交部公函
民國廿年七月

頃奉

常務委員交下吉林省黨務指導委員會刪代電，為：「長
春縣屬三區姜家窩堡，至二區馬家哨口二十餘里之民
田，被韓人申永均等二百餘人強行挖成溝渠，日警公然
掩護，我方勸導無效，懇請轉令據理嚴抗，務使對我國

道歉賠償，並以後不得再有此類事件發生，並藉此時機
收回租界撤退外軍，以維國權」等情一案，奉批：「交
外交部查明交涉」。相應抄同原代電函達即希查照核辦
為荷。此致外交部。
附抄原代電一件。

抄原代電

南京中央黨部鈞鑒：近查吉林長春縣屬三區姜家窩堡
至二區馬家哨口二十餘里之民田，被韓人申永均等
二百餘人強行挖成溝渠，日本警察竟公然掩護，我方
警察勸導無效，共損害良田二百餘坰。似此蔑視公理，
侵我國權，如不急起力爭，來日大難將何以堪？查此
案之起，緣於本年春季長春縣屬萬寶山屯，有住戶張
延堂者，以自己荒地一段，租與郝永德開種水稻，而
郝永德又租妥蕭雨春荒地一段，統共四百餘坰。後因
郝永德不明種稻方法，擬雇入籍韓民沈連澤等開墾耕
種等情，當經縣政府批示，荒甸開種原無不可，惟東
省人民素乏水田經驗，往往僱用多數韓僑，動滋事端。
令將契約內容如何，以及催用華僑若干一併查明呈核，
再行飭遵查訖，並未允許立案，詎已案未據復，該甸
戶郝永德竟私引韓人一百八十餘人入境，強行挖毀民
田，計由三區姜家窩堡起，二區馬家哨口止，深寬三
丈有奇，長計二十餘里，作為水溝，聲勢洶湧，不容
勸阻。後經二、三兩區民戶代表孫永清等二百餘戶，
齊赴縣署及長春市政籌備處，懇請設法制止。當經該
縣署先將招致韓人之郝永德傳押候辦，一面呈奉省政

府電令派公安局長帶警前往制止，勒令解散。當據韓
人申永均等結稱，情願停止工作，於二日內全體回長
等語。乃至六月一日，復繼續挖掘，並稱雖死亦不停
工。公安局不得已，將為首者申永均等十人傳交縣署
訊稱：我們韓人雖有散生者，今又加入一百餘名，仍
舊工作。警署乃一面將申永均等解交市政警備處，竟
被日領館引渡，一面仍派長警前往彈壓，俾免激起民
眾反抗。詎意縣警甫到，日領竟派警六名，擅入內地，
到場干涉，該韓人等以有日警為護符，更恃眾頑抗。
而駐長日領又以曲為直，顛倒事實，逕向遼寧邊防副
司令官行轅要求，結果雙方先行撤離再議。此時省政
府聞信，恐與日警發生衝突，遂令縣警撤回，並令轉
告民眾，聽候官廳解決，勿釀變端，並令周市政處長，
轉詢日警，謂我警已退，彼警何時撤回？嗣經周處長
與日領一再商洽，越三日之久，日警始退，並議定先
行停止韓人工作，而糾紛問題雙方派員會同實地調查，
再行解決。不意調查未完，日方復藉詞決裂，又派大
批警察前往掩護韓人工作，現更蠻橫。查此案本屬我
國主權，如何處理與日無涉，而我方以和平禮讓對之，
終不能化彼蠻橫於萬一。事實俱在，公理何存，如日
兵圍我遼寧商埠警署，毆傷我警官，併刺傷我外交人
員，劫奪警察槍械子彈以及侵奪我龍井村警察權，與
夫彼之憲兵在天津騎自由車撞傷身軀，並糾眾示威等
事，何莫非日帝國主義者逞其野性，暴其貪行，今更
公然袒護韓僑，毀我民田，侵我主權，如不嚴重交涉，
將何遏止彼侵略政策？除函省政府將招致此案之郝永

德依法嚴辦外，伏懇鈞會轉國府令外交部據理嚴抗，務促日本對我國正式道歉，賠償損失，撤退現在該地之警察，並保障以後不得再有此類事件發生，並藉此時機，收回租界，撤退外國駐軍，以絕禍根，而維國權，臨電激昂，不勝迫切待命之至。中國國民黨吉林省黨務指導委員會，刪叩，印。

二　日本公然射殺長春農民

日本駐長春田代重德領事致長春市政府籌備處長周玉柄公文

民國二十年六月二十六日

逕啟者：茲據報告於二十四日午後八時有鮮人二名行至馬哨口附近，見第二區公安局巡警十四名，即將該鮮人以繩捆綁而毆打之，並將所帶之小米及金品強奪而去，復從旁保護地方農民，將掘成之水道破壞約十八丈，且屢屢發炮以脅鮮人，嗣偕農民向西方走去等情。查貴國官憲決無排斥鮮人之旨，前經貴處長屢次聲明，今既發生前述事項，則敝方對於貴方官憲，難再信賴，殆將引起不得不出直接保護鮮人手段之情事，切希嗣後不再發生此等官憲之暴行，亟謀適當之措置。以上情形，業於二十五日已經館員面陳，相應函達。查照為荷，此致長春市政府籌備處長周。

駐長領事　田代重德

長春市政府籌備處致外交部電

民國廿年七月十一日

南京外交部王次長鑒：虞（七日）電計達，頃接省政府灰（十日）電，飭知接奉鈞部佳（九日）電已查案電復等因，此案於六月八日雙方派員會查，本處曾於十一日函達日領，水道計畫，核於法律事實均不可行，不妨由該韓人等改種旱稻或由原招致人郝永德賠償損害，以資完結。旋據聲稱該地不宜旱稻，意在仍種水田，十六日復違約再派日警暗中掩護工作，二十四日更正式聲明試種有無損害再定，飭經抗議，悍然不顧，激令農民於七月一日聚眾填溝，日領竟派機關槍警官，於各邊放槍射擊，即日由處正式抗議，要求彼方懲處肇事警官，並將派往警官，即日盡數撤回，至各當事者間商請，一俟事關提出請求，再按法律及條約，公平解決，迭經洽促十日日領復函，俟我方對彼方堅持確認後，自可撤退等語，特電奉聞，希裁酌核辦為荷。周玉柄。真。十一日。

長春市政府籌備處呈吉林省政府真日代電

民國二十年八月十一日

吉林省政府鈞鑒：本處接准外交部駐遼寧特派員辦事處八月六日公函內開，據梨樹縣呈稱，七月二十四日梨樹縣藍家堡子得獲鵓鴿二隻，腿部各帶白鐵籤一注（闊 5 公 72☆），一注（公☆ 503），並帶黑環兩個，籤住內鐵小盒一個，內盛有日文紙捲一張，其文為七月二日中川義治所報，細譯文義確與萬寶山事有

關，除將信鴿攝影暫為飼養，檢同照片譯文送請鑒核等情。查此項譯件文義暨與萬寶山事件有關，自有參考之必要，相應抄件函送查核辦理等因。查警部中川義治為駐長日領館警察署主任，駐長日本領事田代重德自六月初間，即派該主任常川駐在馬家哨口一帶，督飭韓人強挖溝濠，硬行橫河築壩。七月一日，該處農民號召集合填濠自衛。二日晨間日警竟用機關槍掃射，而同日午後六時四十五分中川義治之報告內稱：『以第一出張所所長之名義，將本案概要報告於田代領事，乃移動全部不使中止某項工事，再以一千餘名出動於上水路，當不免有衝突之虞，特此書狀報告，祈速示覆』等語，似係對於關東廳請求出兵之信鴿。查萬寶山事件方六月初旬，雙方形勢正值嚴重時期，日領田代重德，日集駐長軍警集議，實行武力準備，迭載日文各報。六月八日，關東廳長官塚本清治來長，據日方密息田代報告，此事塚本長官曾有和平解決，無庸擴大之諭，同日駐遼寧柳井領事，亦行來長，是晚始雙方定議，撤警停工，會查解決辦法，其後駐長日警署亦曾奉有同項之電令，故七月二日，日方警官雖放槍示威，均向空施放，未敢實行射擊，釀成彼方先事宣傳五三慘案行將再現之結果。茲據同日午後該主任對於關東廳所放信鴿傳遞之報告，仍復決行繼續工事，除警官數千名隨帶機關槍，業已前往外，並請續派千名以實行暴力侵佔之策，其仰承田代重德意旨，好亂生事，情節至為顯然。此項信鴿雖經獲得二隻，其餘未經獲得者，所報情形自可懸想而得，而

關東廳長官竟不為所動，斯亦不幸中之一幸。及柳井領事等因奉外務省調查吉、黑韓人狀況，於七月二十六、七兩日前往萬寶山調查實況，亦知計畫之非，當令將溝口填堵，而日警亦於八月八日實行撤退，現時住韓人均有去志，此案交涉不久，當可告一結束。准函前因，理合抄件電呈鑒核施行。長春市政籌備處處長周玉柄叩，真，印。

抄件

七月二日午後六時四十五分報告　中川義治

午後六時四十分，中川等一同無事，抵當地，我隊敢告無事。同日午後五時，暴民等集合於孫永清家，協議何項事件，至午後六時四十分，各部落始行退散，當以現在所有人數，完全防備，今夜之襲擊，破覺自信，雖不能預知，明日之暴動，更須努力，密探於明朝，以鳩報知，並於午後六時四十五分以同第一出張所所長名義，將本案之概要報告於田代領事，乃移動全部，不使中止某項工事，再以一千餘名出動於上水路，當不免衝突之虞，特以書狀報告。祈速示復。

第二節　萬寶山慘案真相之調查

一　中國國民黨吉林省黨務指導委員會調查報告

吉林省黨務指導委員會呈中央委員會文

民國廿年八月十四日

呈為派員調查長春萬寶山韓人擅挖民田強行種稻一案情形，仰祈鑒核事。竊自長春萬寶山事件發生以來，本會極為注意，當於本月八日派組織科調查股幹事劉北同前往該處實地調查去後，茲據該幹事報稱，遵於該日馳抵長春，與長春市政籌備處周處長接洽；以肇事地點日警戒備甚嚴，遂假中央通訊社駐吉記者名義，由市政籌備處通知日領館，得其許可，並由處派外交科周科員陪同前往。十日到馬哨口，十一日又至三姓堡等處，於日警監視之下，逐一實地查看，並拍攝照片三十餘幅，十二日離開該地回吉，並另附報告書及地圖照片等情到會，除督促吉林省政府對日嚴重交涉，並遵照中央意旨擴大宣傳外，理合將派員調查經過，並抄同報告書地圖照片，呈請鑒核施行。謹呈　中央執行委員會

附報告書一份　附萬寶山案交涉經過文件一冊　另寄

中國國民黨吉林省黨務指導委員會常務委員　張作相

（印）

萬寶山事件調查報告書

一、地點及位置：張鴻賓等十二戶原議租與郝永德之荒地約五百坰，在長春北三區三姓堡、官荒屯一帶，東北距萬寶山街七里許，（長春縣第三公安分局及第三區公所皆在萬寶山街，該事件自發生以來即稱萬寶山事件者原因在此），西南距伊通河之馬家哨口二十餘里，南距長春城五十餘里，馬家哨口及迤北二里許，為二區管界，距長春城四十餘里。

二、伊通河之重要及日人之陰謀：伊通河發源於伊通縣境，由東南向西北，流入農安縣，會飲馬河入松江，長達四百餘里，為吉林大水之一，因長春、農安、德惠、雙陽各縣，皆由此河運糧出境，誠為交通之要路，沿河兩岸二、三十里，土地肥沃，向賴此河灌溉，惟河一汎濫，則兩岸熟地數萬坰，皆有淹沒之虞，人民數十萬立成饑饉，民國十二年曾汎濫一次，致中東車停開三日，饑民數萬，用船載至二道溝（舊長春城），放賑三日。兩岸低窪未墾之荒地頗多，日人垂涎已久，據秘密消息，日人擬在伊通河開大水溝十七道，每道可種稻田千坰，合計可開稻田二萬坰，能容韓民二三萬人，並擬延長南滿路，達馬家哨口，修築棧房，收買糧石，設立領事分館或警察支部，一切地形水道，已暗中測量詳細。此次之築河壩，掘水溝，不過為實行其預定的整個計劃之第一步工作。故長春無賴郝永德組織所謂長農稻田公司（長即指長春農即指農安），實有受日人利誘指使之嫌疑。

三、事件之起因：長春無賴郝永德，勾通日本，私組

所謂長農稻田公司，包租長春北伊通河東三姓堡，官荒屯一帶，張鴻賓、蕭翰林等十二戶荒地五百餘坰，距河岸二十里，訂立十年租契，租契最後有「此契於縣政府批准日發生效力，如縣政府不准，仍作無效」一條。該項契約未經呈縣，而郝永德又以此荒地轉租韓人李昇薰、李造和等九人，即招來大批韓人一百八十八名，紛紛入境，強佔民宅，挖水溝、堵河水，警察累次勒令出境，迄未遵行。在原地主固無話可說，但稻田至河口尚有二十餘里，此二十餘里中間多半為熟地，為孫永明等四十一家地主所有，毫未與郝永德及韓人發生任何關係，而韓人即在此熟地中間，強挖二十餘里、八九尺深、連兩岸揚土八九丈寬之大水溝，毀壞良田共四十餘坰，四十一家地主反對，糾紛即起。

四、事件之經過：五月二十日，四十一家地主及二、三區人民二百一十三名，至縣政府請願，縣政府飭魯公安局長帶隊，嚴行驅逐韓人，卒未辦到。民眾又至市政籌備處請願，周處長即據實電請省府，省府令魯局長前往嚴拿，魯局長於六月二日帶隊至馬家哨口，而日人中川義沼、高橋已至該處，並謂奉領事館命令，現地保護韓人，魯局長又未得執行，旋於六月八日，中日雙方臨時協定辦法五項，大意謂中日雙方警察即行撤退，由雙方派員會同調查，韓人立時停止工作等。九日、十日兩天，中國派市政籌備處外交科長郭承厚，長春農會幹事長吳長春，日方派領館書記土屋波平，警部中川義沼、滿鐵會社長春地方事務所涉

外主任籠谷保，會同調查結果，差異太甚。後三日，韓人又復開工，日警亦終未撤返，交涉迄無效果。至七月一日，當地民眾忍無可忍，乃聚眾自動填溝，七月二日，民眾又去填溝，日警七、八十人乃開槍射擊農民，農民亦有相當防禦，幸未受傷，後經第二區公安分局田局長冒彈勸息，乃各回家，以後我國官警及民眾一律不准近前，斷絕交通，形勢嚴重，日警且佔領民宅二處，繼又運去機關槍二架、大砲一尊、警察四五十名，便衣陸軍三四十名，挖戰壕數道，起初以白鴿傳信，現以乘馬傳信，如行軍作戰無異。

五、事件之現狀：現在日警直如佔領，該地河壩已築成，水溝已挖就，據云，七月十三日可通水，民戶院內隨便出入；前日一家婦人臨產時，日警進院，眾人驚走，產婦當時驚死。我國無一軍警在場，人民亦聽政府勸告，尚持鎮靜態度，日人為所欲為，長春至馬哨路口上，每日有日警數人護送給養，交涉半月有餘，我市政籌備處致日本領事館照會，已至七八次之多，而日方始終毫無誠意答覆。

六、中國所受之損失：

（甲）現有損害：

（一）水道及掘出之土寬八九丈，長二十餘里，農民良田（各種青苗已長很高）被毀四十餘坰。

（二）成片田地被截為二段，不能耕種。

（三）河上築壩，斷絕來往及上下游數縣交通。

（四）日警佔據馬哨口一帶，斷絕交通，壞毀良田數坰，不准人民進前，田地不能耕種。

（五）佔據民宅，強迫人民供給勞役。

（六）隨便出入民宅，驚嚇人民不安。

（七）驚死產婦及嬰孩二命。

（八）偵捕農民代表，使不敢回家，且生命時有危險。

（乙）將來損害

（一）大雨時溝水外溢，附近田地數百坰，均有淹沒之虞。

（二）稻田放水時，汪洋一片，下流田地千餘坰，勢必盡被淹毀。

（三）大河漲水時，因有河壩，不能下瀉，沿河兩岸二三百里，田禾數萬坰，皆有淹沒之慮，居民數十萬立成飢民。

（四）此例一開，將來不逞韓人皆依日本勢力，橫行亂為，莫敢誰何，我三省山河，真成日韓世界矣。

七、日方應負之責任：不逞韓民，強行種稻、強佔民宅、強挖民田、強堵河流、斷絕交通、為重大之刑事犯罪，而日領事不知處分，日方應負之責任一也。日警公然保護，並助其刑事犯罪，日方應負責二也。以武裝警察及機關槍大砲，在我領土公然示威，並開槍射擊民眾，日應負之責任三也。佔領馬哨口至三姓堡一帶二十餘里地及民宅兩戶，不准人民進前，日方應負之責任四也。任意出入民宅，驚死產婦，日方應負之責任五也。造作謠言，引起日人之排華，日方應負之責任六也。

二 駐哈吉林特派員調查報告

駐哈吉林鍾毓特派員呈外交部文

民國二十年八月廿八日

呈為轉報會查萬寶山一切詳情檢同報告繪圖請鑒核備查事，案准長春市政籌備處寒代電開，本月七日接吉林省政府函知派張慶雲來長，商同本處調查萬寶山日警撤退一切情形等因，本處竊以日警駐在期間，各方報告殊難得具體真相，現在該警既經確定撤退，於實地調查，已無若何阻礙，調查該地現狀，自可較為詳實，當由本處派令周武祥、崔崇綿、魏榮厚一同前往，就於各項事實，分別詳查，並對於附近形勢，亦實行測量，以期明確。該員等計於八日辰一同出發前往，十二日晚一同旋長。茲據本處調查各員整理報告，附具實測地圖，一併報告到處，除檢同報告電呈吉林省政府外，相應檢同報告二份，電達貴處，分別存轉為荷等因。附報告及地圖到處，理合檢同原附報告及地圖各一份，備文呈請鈞部鑒核備查。謹呈外交部。

附呈報告一份、地圖一份。

外交部駐哈吉林特派員　鍾毓

謹將調查萬寶山事件情形臚陳如左：

一、萬寶山之位置及形勢

萬寶山鎮附近東西寬約四里，南北長約三里均屬平原，四周均屬漫岡，惟西南較低，為出水處。前清嘉慶年間放荒設鎮，劃定鎮基原在岡坡之上，距離現在鎮基約四里許；現時鎮基本為當時放荒攤床雜居之所，其

後遂漸次繁集，至今商舖十六家，民戶九十二家，男女一千一百餘口，每月逢三、六、九日趕集一次，而舊時預留鎮基，迄未能發達。

萬寶山在長春縣城東北六十五里，鎮之西南二十三里，為伊通河沿之馬家哨口，沿途均有村屯，該河東西附近居民，均以此處為往來孔道。伊通河流自伊通縣境向北紆曲流轉，而至長春縣城南，由此東北流五十里，而至馬家哨口，長春縣城附近河流寬度大抵在二十丈以至三十丈之間，惟至馬家哨口東西兩岸最為狹，約相距約十五丈有餘。

由萬寶山馬家哨口而北，沿河寬約十里，長約九十五里，均為荒草甸，中間熟地甚少，悉屬長春縣境，以伊通河為界，河北三里即為農安縣城，農安縣城以北，據傳聞亦為同樣之荒草甸。

由萬寶山西南十八里，均為長春縣公安局三區轄境，由三區轄境西南五里至伊通河沿，為二區轄境，伊通河以東為六區轄境。

二、韓人入境日期及挖掘水溝之經過

該處韓人於四月九日（即舊曆二月二十二日）、十日（即舊曆二月二十三日）、十三日（舊曆二月二十六日）三次分批入境（以上據韓人宋祺纘、朴東祖等所云）。於四月十三日共集韓人一百餘名，在伊通河沿馬家哨口祭伊通河神，並至本村土地廟前祭土地神，實行破土（以上據農民馬福山等十七戶結稱）。四月十八日（即舊曆三月初一日），在三區界內張鴻賓等十二戶地

內，開始挖溝（以上據該處董家屯韓人宋祺纘、朴東祖等所云）。此段水溝由孟昭月蒲草甸界溝西南角起，至盛家屯房西止，長四千二百二十八公尺五十公分，平均寬三公尺，深五十公分，兩邊堆積餘土處各一公尺五十公分，計長華里七里六十一丈有奇。四月月底，當韓人分幫至二區界內孫永清等四十一戶地內時，惟時韓人凡三十二名，當經地主孫永清、馬寶山等十一人前往阻止，韓人因阻停工，五月一日復來挖掘，孫永清等又往阻止，因阻停工，次日鮮人約聚一百餘名，形勢洶洶，強行挖溝，孫永清等復往阻止，因鮮人過多，未能解散，嗣經縣公安局局長魯綺帶騎步兵二百餘名，於五月三十一日前至馬家哨口，於該地段內實行制止，當時鮮人允為解散，該局長去後，鮮人仍未停工。挖溝人數最多時，達一百七十餘名。此段水溝由孟昭月界溝西南角至馬家哨口，長凡五千三百公尺，除舊有水溝一千二百公尺外，其餘四千一百公尺，平均寬五公尺二十公分，深一公尺十九公分，兩邊各堆積餘土四公尺。計舊有水溝長合華里二里零十五丈，新挖水溝長合華里七里二十一丈有奇。

以上由張鴻賓等十二戶地至孫永清等四十一戶地，計水溝全長九千五百二十八公尺五十公分，合華里十六里九十七丈有奇，距河口長約二里許之水溝，自六月三日便衣日警前往掩護工作後，始行繼續挖竣。

七月二十六日，遼寧總領事館柳井領事等前往調查，詢悉人民，水溝試水漫散民地情形，當令韓入將河沿口堵塞，於三十日實行堵竣。

三、韓人橫河築壩之經過

韓人自六月十二日便衣日警再度前往掩護工作後，即從事編組柳簾，預備築壩工作。二十五日（即舊曆五月初十日），刈割附近柳條，實行疊壩。二十八日，因土壩漏水停工。七月三日，復行增加，寬高均用柳條搭鋪及米袋裝土，堆積而成，越數日築成，於七月十四日（即舊曆五月二十九日）實行放水入溝，共計十日，擬種稻田，溝內之水平均深約一尺，溝水放入，擬種稻田區域約計三日（以上據韓人柳化龍、金廣德二人所云）。至流到擬種稻田區域之水，無所歸洩，均向鄰地漫流而去，實測該處水平，該韓人等擬種稻田區域，高於伊通河底二公尺四十公分（約華尺七尺餘）。橫河土壩，現在測量實狀，壩頂寬三公尺（約華尺九尺餘），底寬十六公尺（約華尺五丈），長三十公尺（約華尺九丈餘）。惟壩之北段，計高出河底五公尺（約華尺一丈五尺餘），壩之南段，現僅高出河底四公尺（約華尺一丈二尺餘），因南岸河底流沙漏水，泥被水冲，故南段逐漸塌下一公尺（約華尺三尺餘）。壩成試水以後，因稻田區域餘水無處流洩，韓人旋將壩之中段拆成凹口，放洩水流，以便壩內餘水源源流下，近復逐漸下拆，現在中段凹口寬六公尺（約華尺二丈），深二公尺五十公分（約華尺七尺餘），壩之上游水最深處二公尺六十公分（約華尺八尺），壩之下游水最深處一公尺三十公分（約華尺四尺），壩內水平計高於壩外水平計一公尺三十公分（約華尺四尺）。自八月八日日警撤退後，附近五里

許之腰窩堡韓人，現在不時前往拆取中段凹處柳條，作為炊爨之用。

四、韓人種稻情形

韓人所租張鴻賓荒甸內，因農時已過，溝壩未成，未及引水入溝，分流灌溉，亦未鋤去荒草區成稻池，隨意將稻種漫撒於草甸之內，面積約計十餘坰，稻苗現僅三寸許，在三尺餘深之荒草叢中，零星發現。

五、中日警察在該處撤留之經過

五月二十六日，駐長日本領事館土屋波平，偕高橋翻譯及日警二名，前往萬寶山第三公安分局，探詢韓人房東送縣各情，在該區賈家店駐宿，次日返腰窩堡。

五月三十一日，長春縣公安局局長魯綺，奉令帶騎步警察二百餘名，前往留駐萬寶山一帶，制止強挖水溝韓人。

六月三日，日本便衣警察數人，攜帶手槍前往，保護韓人繼續完成馬家哨口附近二里餘長之水道工作。

六月四日，縣警為避免衝突撤回。

六月八日，經市政籌備處與駐長日本領事議定，雙方均撤退警察，韓人停止工作，雙方派員實地會查後，公平解決。

六月九日，辰間日警實行撤回，同日長春市政籌備處外交科長郭承厚、長春縣農會總幹事吳長春、長春公安局督查長梁學貴、及駐長日本領事館書記生土

屋波平、警部中川義治、南滿鐵路會社長春地方事務所涉外主任籠谷保同往實地調查。於十一日先後回城。

六月十一日午後九時，駐長日本領事向市政籌備處聲明，次日仍將派警，保護韓人繼續工作。同時市政籌備處將會查結果，溝壩工作，於法律事實均不可行，絕對不能容許各情函達日領。十二日復正式函達日領為最後忠告，如果違約，自由行動，發生一切糾紛，應由彼方擔負完全責任，而是日便衣日警數人，攜帶手槍，果又繼續前往，其後迭次抗議，迄未撤回。

七月一日，農入集眾三百餘人，因水溝中斷，田地妨害耕作，實行正當防衛，回復原狀，是日午後，武裝日警攜帶機關槍出發前往。

七月二日，辰間農民集合正將繼續平溝，日警開槍掃射示威，武裝日警增至五十餘名，便衣隊約十餘名，占住馬家哨口四周土墻並築有砲台之賀姓房院，午後六時，警部中川義治用信鴿報告關東廳，請續派援千名（以上信鴿由梨樹縣得獲，由遼寧交涉署函知）。是日，馬家哨口前屯民戶，于澤之孫妻于馬氏正在分娩之時，日警二名入院，強佔房屋，形勢凶惡，因受驚駭，腹內胎轉不能生下，次日午後十時，卒因受驚，母子均死。

七月四日，駐長日本領事館外務主事藏本英明、及巡查後藤種介、長沼秋夫到萬寶山第三公安分局，要求接見平溝代表人，各人均已他往，未予接見（以上據第三公安分局說）。

七月五日，在水溝以東，架設軍用布棚三架，水

溝以西，搭蓋蓆棚兩座，長各十丈、寬各一丈五尺。是日上午在馬家哨口河岸懸掛日本國旗，少頃即移至黃家窩堡、北山韓民墳最高處豎杆，懸掛一日（以上據馬家哨口住戶王青山、賀春榮等說）。

七月十五日，高橋翻譯帶日警四名，到萬寶山第三公安分局，探詢張鴻賓等地主十二戶之年歲、住址，未與答覆，旋回馬家哨口。

是日，日警傳知附近民戶到馬家哨看演機關槍，演畢詢問該民等，前次平溝有無在內，又問日人買菜，汝等因何不賣，你們知道嗎？此為機關槍，一秒鐘能發若干響，你們如不怕，再有格外舉動，我們用此槍即將你們均行打死云云（以上據民戶王青山云）。

七月二十六日，遼寧日本總領事館柳井領事等，因奉外務省命令調查吉黑韓人狀況，乘車四輛。於是日前往萬寶山實地調查，詢悉農民溝水引入稻田區域漫淹鄰地情形，當令將河沿溝口堵塞，於次日填竣（以上據馬家哨口住戶于姓所說）。

八月六日，駐長日本領事館外務主事藏本英明，向市政籌備處聲明，次日前往馬家哨口，帶同日警，定於八日盡數撤回。

八月七日，吉林省政府秘書處函知市政籌備處，派張慶雲前往調查撤警一切情形，並由處派周武祥、崔崇綿、魏榮厚會同前往會查，均於次辰出發往前。

八月八日，午後一時，藏本英明帶同日警二十六名，隨帶大小槍枝及機關槍一架，大車八輛，由馬家哨一律撤回，河沿布棚及蓆棚均一律撤盡。

　　同時萬寶山第三公安局轄境內韓人住在處所，張鴻賓院內，由局長曹龍標抽調警察六名，駐在該處稗子溝第二公安分局轄境內之馬家哨口，賀春榮院內，由局長田錫蝦抽調警察六名，派巡官一人，駐在該處。

六、農民損失狀況

農民損失可分列如左：

（甲）土地田復原狀費　水溝占用農田十九坰八畝五分，除就中之舊日水溝不計外，韓人實挖水溝一萬五千六百方（即高一尺縱橫各一丈）。

恢復原狀費，每方丈一元，共需哈大洋一萬五千六百元。

又上項農田肥料恢復原狀費，共二百零八元（以上均據眾農戶結稱）。

（乙）水溝兩旁農田耕作繞越之損失　各戶熟地因水溝隔成兩段，沿線雖有土橋可通行人者四處，可通車馬者五處，然因日日往來繞越道路，以致耕作多費時間工貲，此項損失一時暫難算定確數。

（丙）毀損及佔用田地之損失　計水溝佔用已種熟地十七坰三畝五分，本年計損失子種人工馬料費約六十元，又每年出產黃豆、紅糧、穀子各三十四石七斗，本年共損失各色糧石一百零四石一斗（以上均各農戶結稱）。

又馬萬山沿河菸地一段，東西長四十公尺，南北寬平均十公尺，均被日警佔用，或搭帳柵、或搭蓆棚、或挖戰

壕，又在哨口迤北約有八十公尺孫永斌豆地內，經日警挖戰壕一道，寬一公尺，長三十公尺，左近田苗均被蹂躪，本年損失約黃豆十石左右（以上據農民馬萬山孫永斌結稱）。

又韓人築壩需用柳條，將沿河柳通強行刈割，計孫永清二十六畝，馬萬山十畝，於會川三十畝，共計六十六畝，本年共損失柳條三千五百捆（以上據各戶結稱）。

（丁）堤壩修成試水時被淹田地：河壩修成因三數日間之短期試水，故試種稻田區域之鄰地數段，雖曾被水淹，然因漫散極速，又值久晴土燥，故尚無若何損失，但韓殿啓在哨口河西之豆地一坰半被水淹沒，又二坰被日警放馬蹂躪，二項本年共損失黃豆十七石。又王峴在哨口河西之豆地五坰，計本年損失黃豆三十石（以上均據各該戶結稱）。

（戊）各戶公共雜費：各戶因合法權利被害，先後集會赴城請願，來往川資及旅店各費，此項實數業已實用四百三十六元。此時本案尚未最後解決，尚難截止（以上均據眾農戶結稱）。

七、現時韓人狀況及住在處所

現時住在該處韓人，類由吉林省屬長春縣之卡倫及雙陽縣暨孤榆樹、蛟河、退摶站、烟筒山等處，遼寧省屬開源縣及十間房等處而來，計蔡淵浩、安炳山二戶住勝家屯裴豐年房二間，沈雲澤、權泰斗、李祚和三戶住姜家窩棚張景勝房三間半，申海春、姜元祚、柳龍化、鄭明

書、邊相仁、安在植、林鎮泰、李致和、朱基守、張信
吉十戶住張鴻賓房九間半，金龍武、崔世謨、金京全、
朴東祖、都武生五戶住腰窩棚周泰房三間半，宋祺纘、
金海東二戶住董家屯孫永昌房二間，以上通共二十二
戶，其頭目九人均住頭道溝。

八、調查期間
右開事實由吉林省政府調查員張慶雲暨長春市政籌備處
調查員周武祥、崔崇綿、魏榮厚於八月八日同時前往實
地調查。十二日，旋長。

第三節　中國向日本嚴重抗議

一　駐吉日領出面調停

吉林省政府致外交部電

民國二十年七月十二日到

外交部鑒：密。長春萬寶山鮮人違法種稻案，蒸（十日）電計達，駐吉石射日領鑒於案情擴大，昨曾來本府聲言，鮮地仇華事刻已鎮壓取締，茲願就調人地位出為調處，當提議鮮人本年如堅令不種水稻，則擬有辦法四項：（一）賠償鮮人損失。（二）賠償鮮人本年之生活費。（三）此項已來鮮人任其自由居住。（四）來年種稻出以正式請求手續，省府予以許可等語。查日領所提第一項。要先審定本案罪責，如果盡在違法私招鮮人之郝永德方面，則救濟罷耕失業鮮人之限度，亦僅破郝產而止，斷無令地方負擔認賠之理，況我農民受損尤大，若鮮人並有應負罪責處，則破郝產以議賠償時，將來或付之公平商洽，似尚有研究餘地。至第二項既無理由，且亦難定標準。第三、四兩項一似許其雜居，一似預允其種稻，均絕對的不能接受者，今朝鮮仇華風潮如此，既與本案聯帶發生，交涉上能否分別解決，抑並案辦理，尤不能不詳審酌定，除電東北政委會核示暨答復石射日領俟轉請會部覆示再行據答外，特請鑒核參酌辦理。並乞賜示。再本案前後文卷，今日已摘要抄錄，交郵奉達矣，吉林省政府。真，十一日。

二 長春市政府籌備處向日領抗議

駐長春日本領事館致長春市政府籌備處函

民國二十年六月二十六日

逕啟者：關於萬寶山鮮人耕作水田問題，前經貴我雙方共同調查，以結果之意見不一致，而交涉依然停頓，此誠為遺憾之事，嗣於本月二十四日，復經面談，彼時雖懇切陳說，而終無意見圓滿一致之望，惟鮮人方面以播種時期既過，因之頗屬焦慮，本官若仍命其停止堰止工事，則本年之水田耕作等於拋棄，殆有難於制止者，所以繼續交涉雖仍願圓滿解決，第以容納鮮人等之希望起見，應使其實施堰止及撥種，以視結果如何？是否果如反對農民所慮而有侵水之害，然後再行交涉，此為本官地位上萬不得已之舉也。深願貴我雙方協力，以最善之措施，防止不祥事件，否則萬一因忽於預防而發生不祥事件時，當以充分調查以明責任，以上情形，業於二十四日已經面談，相應函達查照為荷。此致長春市政府籌備處長周。

駐長領事　田代重德

長表春市政府籌備處致日本駐長春田代領事原函

民國二十年六月二十七日

逕啟者：六月二十六日第四七號

公文業已接悉。查萬寶山強挖民田、開掘水道、意圖橫河築壩、逼引河流、以資灌溉一案，前經雙方會同實地調查，不特將來橫河壩成、沿岸民田將受巨大之損害，而水道所經，所有權橫被侵害，四十餘戶農田，截成兩

段，各戶耕作不便，尤為永久無限之損失。又長農兩縣航運交通，亦因壩成以後行將中斷往來。凡此皆為現行法令所不許，任何國家、任何民族、亦不容許此無理之行動者也。前項會查後，實際情形業於六月十一日正式函達在案。如果貴領事使令韓人再行繼續上項不法行為，侵害地主農民合法固有權利，所有將來發以一切糾紛損失，自應由貴方負完全責任，亦於六月十二日正式函達、鄭重聲明在案，准函前因，相應函復查照。此致駐長春日本領事田代。

長春市政府籌備處致日本駐長春田代領事函

民國二十年六月二十七日

逕啟者：六月二十六日第四十八號

公文業已閱悉。查萬寶山水道，於二十四日午後填平，長約十八丈一節，經敝方調查，委因該處農民因韓人強挖農田，掘成水道，往來耕作諸多不便，故乘暇擇要填平，回復原狀，以便往來，而免有妨農作，來函所稱有警察十四人在場保護等情，據長春縣政府查明，初無其事。准函前因，相應函復查照。此致駐長春日本領事田代。

三　外交部令駐哈吉林特派員與日領交涉

駐哈吉林鍾毓特派員呈外交部文

民國廿年七月十一日

呈為准長春市政府籌備處電陳鮮人在萬寶山地方強挖民地一案，謹將該案交涉經過文件，具報鑒核備查事，竊

查關於報載長春縣屬，萬寶山地方，鮮人未經縣政府許可，擅挖民地二十餘里，挑成通水長溝，民眾制止，日領派警庇護，節節工作，不服交涉一案。特派員於因公過長時，往晤長春市政籌備處長，詢問如何詳情，囑其報處去後，頃准長春市政籌備處宥代電開，五月二十五日長春縣政府有日代電報告，萬寶山地方韓人強挖民地，開掘水道，逼引伊通河流一案，未能即時制止，自六月一日起，駐長春日本領事館派遣便衣日警，攜帶手槍掩護，繼續工作，同月八日經我方提議，雙方派員會同實地調查，再行解決。同日，奉天日本林總領事派柳井領事到長調查此事，經彼方協議後，贊成我方提議，並於即日議定調查本案臨時辦法，藉謀公平正當之解決，乃既經實行會查，事實業明瞭，前項水道計畫，不特侵害地主所有權，而延長二十里之水道，沿線熟地，悉皆截成兩段，尤於農民耕作有妨，且橫壩伊通河流，斷絕航運往來，不特為現行法令所不許，而因橫河築壩，增高水流之故，其左岸上游數百里傾斜度之民田，約計數千坰，悉受經常水害，尤與數千農民生活，發生直接之損失，依據法律，衡諸條理，絕無再事商榷之餘地，而彼方六月十二日再度派遣之日警，仍未撤回，現值河水盛漲，其編簾築壩之工作仍事預備，其清挖溝底及實行撒種之行動，亦未實行停止，除由本處於六月十一日將會查事實函達駐長日領查照，並於六月十二日續發出一函為最後之忠告並嚴重聲明，如果該領事再行繼續派警，陰助韓人不法行為，侵害地主農民固有合法之權利，所有

將來發生一切糾紛損失，應由該領事擔負完全責任外，
其殘餘問題，現正繼續函洽之中，但彼方最後意見尚
未明確表示，如果對於我方意旨表示同意，自可告一
結束，但目前彼方滿蒙政策，似採積極主義，是否就
我範圍，尚難預定，將五月二十五日起至六月二十三
日止本案經過往來函件，彙訂成冊，送請分別報部存
查，以後交涉情形，容日再達外，特此電達查照等因。
准此，查該處對於此案正在交涉進行中，理合將該案
交涉經過，來往文件一冊，鈔呈鈞部鑒核。先行備查，
謹呈外交部。

外交部駐哈吉林特派員　鍾毓

駐哈吉林鍾毓特派員致外交部電

民國廿年八月三日發四日收

南京外交部鈞鑒：密。萬寶山案，卅東（一日）兩電
敬悉，前奉養（二十五）日電，已與日領晤商四次，
關於日警撤退事，商定日方武裝及便衣警察即日撤退，
雙方聽候交涉解決，該領允請示日政府，昨准該領來
言，日政府對於雙方聽候交涉解決一語，不表同意，
日方願自動的撤警，惟以保護鮮人維持工事原狀為言，
再三辯論，聲明我方認日警無條件撤退，一面飭知地
方人民聽候交涉解決，在交涉未決期內，當然無何等
舉動，但此為我方內部之事，非對於日方聲明，彼無
異議，至撤警日期，彼允於日內定期通知，其餘各項，
擬候日警撤退，即與繼續會商，茲擬預備提前三項如
下：（一）萬寶山非墾民區域，鮮農應即退出，所訂

之不合法契約，完全廢除，佔地挖溝堵河築壩，一律
恢復原狀。（二）中國民戶所受之直接間接一切損失
及前項恢復原狀所需各費，調查列表，歸日方及鮮民
擔負。（三）此後不得再有此等不合法舉動，並應將
本案之日方責任者，加以嚴重處分，至鈞示韓農承租，
如係善意，可責當事人補償一節，擬以口頭與商，當
否請賜電示，並乞指示方針，再將來談判萬寶山非鮮
墾區域要其退出問題爭辯之極，日方恐不免提引民四
新約東蒙合辦農業一語，我方擬以取銷之語答辯，最
近鈞部如再有其他取銷有力證據，應請指示，以資對
待為叩。回電請由吉林省政府譯轉。鍾毓江（三日），
省府。代，印。

駐哈吉林鍾毓特派員致外交部電

民國廿年八月十二日發十四日收

南京外交部鈞鑒：密。灰電祇悉，日方撤警事，係六日
由長春日領派藏本書記生，赴市政籌備處，聲明八日撤
警，同日並准駐吉林石射日領以電話正式通知前因，並
無文件。八日會晤日領，我方提議萬寶山非鮮民墾居區
域，鮮農應即退出，彼提出民四新約主張二三兩條，已
明載日本臣民有經營農業之權，答以該約已聲明廢棄，
彼以兩國訂約，不能由片面廢棄為言，當以該約強迫而
成，又為我全國人民所否認，嚴詞駁拒，並以墾種非合
辦農業，與之力辯，該領謂南滿日人有耕作權，意在以
長春牽入南滿，答以長春原係蒙旗政治，不得指為南
滿，彼亦不明南滿界限之所在，查民四新約，原未劃定

何處為南滿東蒙區域，嗣吉省自行議定由長春向敦定，
畫一平橫線，線南八縣為南滿，又劃長、農、德、嶺四
縣為東蒙，係為內部便於應付，並未經外部照會日方承
認。毓查彼時所定區域，本欠穩妥，南滿區域似應以奉
天以南，遼河以東為界，是以有以上之辯駁，現日領若
捨棄民四新約，則對於我方提出萬寶山非鮮民墾居區域
一節，即失其條約上根據，其狡計即不得逞，彼又言如
此則從前吉林內地各縣及北滿一帶，已有之鮮農，是否
全行驅逐，此與民四新約極有關係，原來何以允其居
住，當答自萬寶山以外之鮮人，我方向以與本國人一律
看待，必須服從中國法律，為我方一時之恩惠主義，拒
否由我自由，萬寶山案由日方出而干涉，當然不能容
納，再三辯論，尚無結果，謹此電陳，伏乞示遵。鍾
毓，文，十二日。

駐哈吉林鍾毓特派員致外交部電

　　　　　　　　　　民國廿年八月十三日發十四日收
南京外交部鈞鑒：密。萬寶山鮮農退出事，與日領連
商數次，我方提出三項後，日領對於非墾居區域一節，
極端否認，談次屢提民四新約，再三駁辯，歷九時間
之久，迄無結果，日方提出兩案，其要旨：一、鮮農
契約另以合法合理之手續改正之，使人民不受損害。
二、將該處農業改為中日合辦，各項工事交由中國官
憲管理，驟聞之下，至為駭異，因其影射民四新約，
當即嚴詞駁拒，未允收受，彼允再提緩和之案，揆其
用意，縱可令鮮農退出萬寶山，亦擬要求我方允許鮮

人以合法的在東北一帶有居住耕作之權,似此情形,
不啻民四新約之外,創一新例,斷難照准,因恐鮮人
退出一節,一時未易解決,究應如何應付,謹將交涉
經過情形,撮要電陳,伏乞核示,賜以方針,鍾毓叩,
咸,省府。元,十三日。

駐哈吉林鍾毓特派員致外交部電

民國廿年九月一日發二日收

南京外交部鈞鑒:密。馬電祇悉。鮮農退出事,又與日
領會商數次,該領以尚未想出緩和之案,主張休息一星
期後,連向催促,該領堅持前議,希冀我方允許鮮人以
合法的在萬寶山居住耕作,並謂吉省府如不採用壓迫鮮
人之政策,請以萬案允許鮮人墾居,作一證明,強詞狡
辯,未可理諭,告以萬案契約未經核准,根本無效,彼
稱鮮農係屬善意取得,且以日政府重視此案,係為主義
問題,無法退讓,縱令退讓,亦必雙方互讓,方可解
決,並據聲稱日使已於宥(廿六)日,對於中央萬案
照會,強硬駁復等語。查該領歷次措辭,似無就我主
張解決本案誠意,究竟日使照復內容如何?該領事如
有意延宕,我方應持何種態度?統乞電示祇遵。鍾毓,
叩,東(一日)。吉省府。

外交部致吉林省政府轉鍾特派員電

民國二十年九月六日

密。萬寶山案,日使復照,大意以吉省政府報告,與彼
詳查所得真相,多有不符,謂韓民之移居滿洲有久遠之

歷史，按照民四中日條約，韓農在萬寶山有權租種，此
次韓農之舉動，全係善意，其根據契約上之行為，並無
不法失當之處，本案之糾紛擴大，實起因於中國方面之
驅逐韓人方針，希冀中國方面因韓農開墾水田及其附屬
工事，如受有損害，當責令其賠償，以圖本案之解決，
至該處中國官憲阻止韓農安居，日本政府不能默視，對
於派遣日警，亦復多所聲辯，正審核擬予駁復間，適接
馬電，查本案癥結，不在韓農之善意或惡意，而在郝永
德之曾否依法取得權利，郝之租契未經縣政府正式批
准，既屬無效，自無權移轉於韓農，現令韓農退出無權
佔有之農田，係中國行使行政權應有之結果，何得謂為
壓迫政策？所請雙方互讓，究屬何意？日方苟有提議，
亦應以韓農先行退出為前提，仰本此意，再與日領會
商，仍電復為要，日使復照，隨送外交部，歌。

四　外交部與日公使交涉經過

外交部致日本駐華代辦照會

民國二十年七月廿二日

為照會事，迭准吉林省政府電稱，長農稻田公司經理郝
永德，於本年四月間租得長春縣三區萬寶山地方生荒熟
地約五百坰，租期十年，契約內訂明「此契於縣政府批
准日發生效力，如縣政府不准，仍作無效」等語，此項
契約未經正式批准，郝永德將上述地畝轉租韓人李昇薰
等九人耕種，亦以十年為期，此項契約並未呈報地方官
署，該韓人李昇薰等，即擅引韓人百八十餘人入境，挖
掘長約二十餘里之水道，通達伊通河岸。此水道侵佔附

近萬寶山等民田。郝永德及韓人李昇薰等與該馬寶山等，初未有何項之契約，同時復在河中截流築壩，逼水灌入水道，以培稻苗，馬寶山等以該韓人等所挖水道及築壩，侵害所有田地，當集代表面求縣府及市政籌備處制止。縣處切諭民眾，聽候核辦，一面派警令韓人停止挖河築壩工作，不意我警甫到，駐長日領已派警六人到場干涉。韓人恃此頑抗更甚，經遼寧日總領向吉林省主席提商結果，雙方撤警再議，嗣即令縣將警撤回，越二日日警始退，當由市政籌備處長與駐長日領約定，韓人應先停工，俟雙方會查定奪。迨會查後，我方主張回復掘毀農田停作河壩，詎日領完全拒絕，又令大幫韓人前來，並令便衣警五、六十人攜帶機關槍前往，佔踞民房。本月一日民眾見韓人水道河壩工事毫不停止，忍無可忍，遂各持鍬鋤填塞此項水道，乃日警遽向民眾開槍，雖幸彼此未有死傷，而日方反謂我警暗助民眾，復增派日警二十餘名前往。吉林省政府據報，嚴電縣處禁止人民妄動，仍責成該處長據理交涉，詎意日方一意堅持，毫無解決希望，請向日使嚴重交涉各等因，查韓農在吉省地方墾種，按照宣統元年中日圖們江界約，僅以圖們江北地方，即現延吉、汪清、和龍、琿春四縣之特定區域為限，萬寶山位長春縣北，並非墾居區域。此次韓民李昇薰等前往該處墾種，毫無條約根據，乃竟與郝永德訂立租佃契約，此項契約亦未呈報地方官署，遽引韓民百八十餘人入境，挖掘水道，截流築壩，以致附近民田被其損害。此種舉動，既非根據條約，且顯然犯有

妨害秩序、公共危險及毀棄損壞之刑事嫌疑，受害民戶與之理論，竟置不理，不得已乃聲請官廳制止。地方官廳有維持公安之責，前往實行制止，乃執行職務內應有之措置。

貴國駐長春領事竟以取締韓農，防止衝突為理由，派遣多數警察前往該地，致有七月一日之衝突，自該衝突發生後，日方各報謂為中國地方官廳壓迫韓農，故意張大其詞，釀成朝鮮各地仇殺華僑之重大慘案，即貴代辦本月十一日來照內，亦以壓迫為言，本部長實難索解，查韓農照約既無前往萬寶山地方墾居之權利，應請轉飭諭令該韓民等，即行退出該地。再駐華日本領館所設日警，迭經本部照請撤退有案，此次日警擅入內地，肆行干涉，實屬蔑視中國領土行政主權，經地方官廳迭請撤退，據稱係奉貴國領事命令，除設警問題另案奉達外，貴國駐長春領事，不按照國際常軌，遽行派警前往，攜帶軍械，強制協助韓農，非法行動，貴國駐長春領事自應負相當責任。所有派往日警，應請轉飭即行撤退；至韓民李昇薰等與郝永德所訂契約，既無墾居權利，當然不發生效力，應予根本取消。該韓民等如承租確屬善意，應由中國地方官查明，責成當事人予以補償。所有華農因該韓民等挖掘水道及築壩所受之侵害，亦應由該韓民等負責。關於此項補償問題，即由本部駐吉特派員與貴國領事持平調處，否則應依司法手續解決。相應照會貴代辦，即希查照迅予分別辦理，並盼早日見復為荷。須至照會者。

日本駐華公使致外交部照會（譯文）

民國二十年八月廿六日到

為照會事，關於萬寶山事件，准七月二十二日
照開等因，業已閱悉，並經迅速轉達本國政府在案，茲
奉本國政府訓令答復如左，不勝榮幸。

（一）外交部長來照中所引用之吉林省政府關於萬寶
山案之報告，認為其間多有與事實不相符合之處，為
公正處理此種事件計，須以真確之事實為根據，是以
不得不先將本國政府詳查所得之本案真相，以喚起國
民政府之注意。

此次在萬寶山擬經營水田之韓人農民，係向在敦化、磐
石、雙陽、樺甸及延吉等處，長年安穩從事農業者。自
上年敦化事件後，以取締共產黨為口實，受中國地方官
之壓迫，不得安居，始遷避於長春附屬地內，本年四月
間經該處有勢力之華人及韓人之介紹，與華人郝永德訂
立萬寶山附近荒地五百坰之租借契約，雖並無必須縣政
府許可云云之條件，惟聞韓農方面，為日後計曾向縣長
請願，並經按照地方習慣支付相當禮金，始得其承認，
又經郝永德及其他關係者之斡旋，與水路用地之地主，
亦成立諒解，是以四月中旬著手水路工程，至五月下旬
約一個半月之間，地方官及關係地主等對於韓農均表示
好感，從未受有何等干涉或妨害，工程之大半因以告
成，然而嗣後地主等之態度一變，聲明反對上項工程，
中國地方官亦於五月二十五日突派武裝巡警數名到場，
除捕去韓人工程監督外，並毆打重傷韓人二名，是以駐
長春日本領事即向市政籌備處長要求轉行地方官制止暴

行並於得其諒解後飭令館員一名帶同警官四名，及醫生
一名迅赴該處調查，因萬寶山公安分局長聲言，無壓迫
韓農之意，被捕韓人亦經釋放，形勢已歸平靖，當即回
館。是月三十日，該分局長聲稱，奉省政府命令，忽派
二百名之巡警及馬隊到場，強制押送正在從事工程之韓
人十名離開該處，因之日本領事以調停雙方農民及聯絡
中國所派之官憲為目的，六月二日急派便衣警官六名，
攜帶中國護照前往，並為防止紛糾計，使韓人之工作暫
行中止，同時聯絡駐奉天及吉林日本總領事與吉林省政
府及中國地方官，對於和平解決方法，百般折衝，復由
雙方組織聯合調查隊，經兩日實地調查之結果，中國方
面承認韓民之承租，實係善意，惟以租約在手續上有缺
陷及地主方面之強硬反對為理由，不允韓人留居，是以
長春日本領事，又提議華人方面如因此項工程受有損
害，當令韓農適當賠償，交通上如有障礙，應令其講求
建築橋梁或其他之方法，雖竭盡條理，迭經交涉，不為
中國方面所反省，徒延時日，致韓農有失誤播種時期之
懼，不得已將曾經一旦中止之工程，復行著手進行。七
月一日，約有中國農民四百名，以武力企圖破壞上述工
程，以致形勢轉趨嚴重，因之日本領事急向市政籌備處
長要求彈壓暴民，而該處長以為此項辦法，恐無效果，
顯然迴避責任，故為防止雙方農民之衝突，有緊急之必
要通知華方後，分兩次共加派警官十八名，翌二日中國
暴民約五百名，復攜帶武器，再到該處，不聽日本警官
之鎮撫，並向之開搶，以致我方為自衛計，不得已亦開
槍還擊。日本領事得此報告，即迅派救援警官十三名，

同時向華官告急，請其善為辦理，華官以日警不撤，無彈壓暴民之希望，仍無誠意，因鑑於暴民雖一旦退去，形勢難保不發生急變，故於三日又加派警官十名，以備萬一。

（二）根據以上事實，約可得下列各項之結論。

第一，韓農之舉動全係善意，其根據契約上之行為，認為並無不法失當可以加以非難之處。中國方面以該約未經官廳許可，擅行入境，開始工作一節，徵之上開案情，其為不當甚為顯明。又韓農照約既無墾居之權利，該租約當然無效一節，此種論調，係根據關於韓農之條約上權利之根本的謬誤，日本政府不能承認其理由，容後詳述。再中國方面之該處地主等甚為反對之主張，如水道工程損害沿岸民田一節，惟查該處地勢，不但少有此項危險，即萬一發生水災，韓農可決開其工程之一部，並預備賠償華農因此所受之損失。關於水道工程對於地主方面可給予充分之報償，此節載明於租約中，再因韓人之開墾，向無何等收獲之荒地變為水田，其水道同時成為排水溝，使兩旁荒地變成農田地主方面之利益，不為淺尟。鑑於此項事實，上開中國方面之主張，並無理由，足資證明當初地主等曾以好意對待韓人，已如上述，其後忽然加以反對，恐不無有所為者在其中為不純正之畫策，惟無論如何，該項主張，不能認為係根據於地主方面之真意，要之，韓農並無構成防害秩序，公共危險，及毀棄損害等刑事犯罪之舉動，如貴部長所指摘者。徵之實地情形，深信甚為明瞭。

第二，關於朝鮮案之七月七日貴部長照稱萬寶山事件，中國方面並無壓迫韓人之事云云，又關於萬寶山案，與日本關係領事會談時，亦聲言張吉林省主席及其他之省政府主要當局，毫無排斥韓人之意思，對於地方官亦未令其排斥韓人，惟於萬寶山案善後交涉之際，日本領事雖經公正提議，華人如因水道工程受有損失，當責令韓農賠償，且對於撤去有礙交通之障害，亦允加以適當之考慮，而不為中國官憲所顧及，華警以實力逮捕押送韓人及對於華農之暴行，設辭不加何等制止等事，不得不歸納於中國官憲之根本方針，係在驅逐韓農。不但此項反證為數甚多，並據確實報告，五月初，吉林省政府曾密令長春市政籌備處長，絕對不許新來韓民居住，並對於向來在該處居住者，用適宜手段使其退去云云。當初對於韓農之開墾工作，未加防害之地方官民，忽然變更其態度，可知此種事實，適足以證明此中之消息。

第三，貴部長來照以日警擅自侵入中國內地，肆行干涉，攜帶武器，強制援助韓農之不法行為云云。是亦不符實情之推斷也。蓋日領之遣派警官，係因華警以實力壓迫韓農所誘起，按照上述甚為明顯，況身著便服，攜帶中國護照，在華官諒解之下行動，其無在該處援助韓農暴行之事，自不待言，並且令韓人暫停工作而努力防止雙方農民之衝突，嗣因華官不負責取締華民之暴行，為保護韓農計，始遣派武裝警官，此實因有不得已之必要，並無他意，所派警官之數目，先後不過共有四十七、八名。吉林省政府以為曾派七、八十名，誇張實甚，且據稱日警首先向民眾開槍，不得不謂為誣妄事

實，莫此為甚矣。此項日警嗣後按照情形，漸次減少，及至本月十八日，因該處之實情無再留必要，業經全部撤退，惟日本政府希望嗣後此種不幸不得已復行派警之情事不再發生。再駐華日本領事館警官，係鑑於保護取締僑民有須派駐之實情而分屬於各館者，於可能範圍內使其留意避免華官之誤解，並使其於執行職務時與華警保持連絡妥協各節，已詳於上年七月十六日，本使回復貴部長是年十一月二十九日來文之節略中矣。日本國政府派駐此項警官，毫無侵害中國行政權之意，於取締保護僑民上，如無不得已之必要，不致使其擅自侵入中國內地各節，亦勿待辯明。

第四，吉林省政府報告中述及該省政府於華民破壞水道工事後，曾電令縣處禁止人民妄動，並責該處長據理交涉，詎意日方一意堅持，毫無解決希望等語，查該處地方官對於取締中國農民之暴行，雖經日本領事要求，旅顯然不肯負責辦理各節，有如上述。是以此項華民之暴行，不得不謂為係於華官之默認或無為中得以暢行。再日本領事自本案發生以來，依據韓農租約，並無疵瑕，無被華方驅逐理由之事實，迭經以上開公正之條件與中國地方官交涉，以期圓滿解決，而華官並不顧及，且以實力貫徹其驅韓農之根本方針，壓制其善意舉動，放任農民之暴行，不辭引起形勢之糾紛，中國官憲之此項態度與日本領事之措置相比較，何者有理？已自明顯。

要之，關於萬寶山案之是非曲直，希望中國政府今就事件之真相，稍加公平之判斷。再本案原來不過係屬一種細微之地方問題，而使之糾紛擴大有如今日者，

實起因於中國方面之驅逐韓人方針，此節甚願中國政府深切考量。

（三）韓農在東三省得以居住之墾地，以圖們江北延吉、汪清、和龍、琿春四縣為限，此外條約上並無墾居之權云云之貴部長之論斷，本國政府不能承認，蓋明治四十二年（宣統元年）之協約，本國始行承認中國在圖們江北地方之領土權，中國則承認該處韓僑之墾居權及土地所有權，以為報償。嗣後兩國政府因滿洲方面中日之特殊緊密之關係，在條約上須加以規定整理，於大正四年（民國四年）另訂關於南滿洲及東部內蒙古之條約，因之日本臣民獲得在南滿洲任便居住往來及營業，並建設各種商工業用之房廠，或為經營農業，得商租其需用地畝等權利，為國民政府所詳知，是以日本國臣民之韓人，於延邊四縣以外之適用上項條約區域內，得以居住往來，經營農業，自不待言，其有商租農業用地之權，在該約明文上不容一點之疑慮，況韓農在萬寶山地方與華人訂約取得之權利，並非商租權，不過尋常之租地權乎。

（四）韓民之移居滿洲，因滿韓兩地接壤之關係，有久遠之歷史，其在滿洲地方之社會的及經濟的貢獻，於數十年前，已為世人一般所承認，當初該處地方因人口稀少，土地尚未開墾，地方官曾經重用韓民之農耕上特技，歡迎其移居。其結果，逐年韓民移住者之人數加增，兩民族於經濟上互相扶助，以致彼此均有利益，韓民今日在滿洲所得之地位，並非一朝一夕之事，而滿洲農業富源之開發，有賴於韓民者，實非尠

少，然而近年該處地方之開拓逐漸進行，對於韓民勞力之需要，已不如前，中國官民一變其向來對於韓民之態度，遇事以仇視惡感臨之。爾來地方官以種種口實，對於韓民之居住、營業加以直接間接之壓迫，最近此項態度，愈無忌憚，滿洲各處積極的禁止韓民之移住安居，消極的使其繼續居住營業感覺困難，不得不認為係實行其根本的驅逐政策之案件頻頻發生，其中韓民之身體財產上受有損害者，亦不為少，中國官民排斥韓民之口實，似動輒以韓民為日本侵略滿蒙之先驅，此種臆斷之荒唐無稽，似無特別指摘之必要，即至最近藉口取締共產黨，時有彈壓驅逐韓民之事，本國政府鑑於取締共產黨一事，因有關中日兩國公共之利害，應由兩國協同辦理，故對於交換關係共匪之情報等事，及其取締上之聯絡妥協方法，曾與東三省當局有所接洽，不幸該當局並無虛心坦懷與我協力辦理之胸襟，每每單獨取締，因事前之偵查不周，故常使真正之共匪逃逸，而處罰驅逐與共匪毫無關係之無辜韓民，實深遺憾。如此次移住於萬寶山之韓民等，亦係以關係共匪為口實，被敦化方面所驅逐之避難者，其事實有如上述。此項韓民中如確有共黨在內，日本駐紮該處之官憲，實無不進行取締之理。

中國官憲之此項態度，係欲完全否認韓民於已往數十年間與華人親睦雜居，有無相通，以致安穩造就今日之既成關係之歷史的事實，即暫行擱置上開條約上之見解，此種態度於人道上及條理上，亦到底不能認為正當，今在滿同胞，以其多年之貢獻，反受排斥之苛待，一般韓

民之如何興奮，此次朝鮮事件足資證明，上開滿洲之形勢，今後如仍舊放任，益使其民族感情日趨強硬，不無誘發第二第三朝鮮事件之虞，日本政府不得不非常關心以注意之也。

（五）日本政府為在滿韓民計，所希冀者無他，但求其享受居住營業之安全，以取得途徑自行籌謀經濟上之安定抬高，同時他方面以其努力，開墾荒地，兼利中國，使兩者之間實得共存共榮之結果而已，因之切盼中國官憲，勿以不法及不當之手段，任意壓迫韓民，禁止其移住安居，本國亦當本其向來所持一貫之方針，使韓民在其居住營業上，於可能範圍內，不得有損害中國方面之事。前者七月十三日面交朝鮮事件復文之際，關於協商韓民問題之暫行辦法，本使奉令對於貴部長有所提議，其主旨亦不外根據上項之方針

（六）按照上開理由，本國政府希冀萬寶山案以中國方面因韓農開墾水田，及其附屬工事，如受有不測之損害，當責令其適當賠償為條件，以圖圓滿解決，至於阻止韓農安居該處之中國官憲之態度，本國政府對於其國民之職責上有到底不得默視之處，亦希十分諒解為盼。相應照請貴部長查照為荷。須至照會者。

昭和六年八月二十四日。

外交部致日本駐華公使照會

　　　　　　　　　　　　　　民國廿年九月十五日

為照復事：關於萬寶山案，准外字五三號來照，業經閱悉。查本部七月二十二日去照，根據真確

事實，表示處理本案之公正態度，原期早日持平解決，藉免糾紛。茲查聞來照所開，與事實真相出入甚多。對於郝永德無權與韓農訂立契約，韓農更無權佔有萬寶山農田各節，尤未加以注意；馴至以日領派遣武裝日警援助韓農非法工作為必要，而認中國警察依法解散非法開墾萬寶山農田，挖溝築壩之韓農為貫澈壓迫方針，殊與本部希望公平解決本案之旨趣大相逕庭，中國政府，自應再就本案實情，據理答復，以供貴國政府之考憲，而促本案之解決。

一、來照謂中國方面對萬寶山案之處理，以壓迫韓農為方針等語。查中國方面，對於韓民毫無壓迫之意。此次韓農非法開墾萬寶山農田，挖溝築壩，犯及刑事，中國警察維持公安予以阻止，係依法行使行政權應有之職責，自不得謂為壓迫韓農。乃日方各報竟捏造事實，任意鼓動，釀成朝鮮各地仇殺華僑重大慘案，實屬故意使本案糾紛擴大。茲來照仍藉口本案以外之事，推斷中國方面對於本案以壓迫韓農為方針。按諸上述中國方面合法之處理，則此種推斷之不切實情，顯而易見。來照以韓農與郝永德租約曾經縣長承認，與水路用地之地主亦成立諒解，是以四月中旬著手水路工程，至五月下旬，約一個半月之間，地方官及關係地主等，對於韓農均表示好意，從未受何等干涉，其後忽加反對，不能認為係根據於地主方面之真意等語。查韓農與郝永德租約並未經該縣長承認有案。據確實報告：四月間，當韓農三十二名分幫至孫永清等四十一戶地內時，即經地主孫永清，馬寶山等十一人

前往阻止，韓農因阻停工。五月一日，復來挖掘，孫
永清又往阻止，因阻停工。次日，韓農約聚一百餘名，
形勢洶洶，強行挖掘，孫永清等復往阻止，因韓農過
多，未能解散。嗣經縣公安局局長魯綺帶警前往實行
制止。當時韓農雖允為解散，但該局長去後，韓農仍
未停工。挖溝韓人，達一百七十餘名。自六月三日日
警前往掩護工作後，始行繼續挖竣，足徵韓農著手水
路工程，四五月間，地方官認為非法，曾經實行制止；
地主等因韓農侵害權利，在此期間迭次加以阻止，並
非先表好意，後加反對。迨日領派遣日警掩護，該韓
農等始得繼續非法工作。中國農民因迫於韓農繼續侵
犯其權利，不得已集眾設法阻止，絕非暴行。中國警
察原可維持秩序，殊無來照所稱『緊急之必要』。乃
日領悍然不顧，陸續增派武裝日警至五十餘名，便衣
隊十餘名，攜帶機關槍向中國農民掃射。且證諸所得
確實消息，當時指揮日警者，尚有加派大批警察之意，
顯明令韓農於武裝之下，完成其非法工作。要之，當
地日領派遣武裝日警擅入萬寶山強制援助韓農非法工
作，實為本案糾紛擴大之主要原因。該日領應負相當
責任，業於七月二十二日照達在案。

二、來照謂：『韓農之舉動，全係善意，其根據契約上
之行為，並無不法失當可以加以非難之處。』又謂如因
水道工程發生水災，韓農預備賠償華農因此所受之損失
等語。查凡未經依法取得之權利，當然不能為任何處分
之標的；尤以不動產權利，須完全無瑕疵方得移轉。郝
永德原租契約，未經官廳正式核准，自始即屬無效。郝

永德既未嘗以契約取得農田之權利，則不論韓農之承租是否善意，郝永德與韓農間訂立之契約，不能產生任何權利，實無疑義 Nemo dat qui non babet ＝ No man can give a better title than he himself has. 郝永德與韓農之契約，在法律上既屬無效。其著手開墾之農田，即為侵占，所有開溝築壩等行動，均屬非法。況所掘水溝在未經核准之租地以外，又損壞多數人之田地，侵害多數人之權利，韓農明知此項舉動之非法，而以『預備賠償華農因此所受之損失』之態度，繼續其不法行為，殊難避免刑事上之責任。

三、依照宣統元年中日圖們江界約，韓民僅得在圖們江北延吉、和龍、汪清特定區域內墾地居住。假定本案韓農承租之地在該區域範圍以內，亦必以契約之無效不能取得任何權利；矧本案地點在條約允許區域之外，其所訂契約又屬無效乎！至來照提及民國四年中日條約問題，查該項問題，在上述論斷之下，對於本案原屬枝節，而中國政府與人民對於此項條約之態度，當為貴國朝野所深知，尤以民國十二年三月間，中國政府照會貴國政府之正式表示最為明晰。貴國政府忽於此時提及此項問題，殊非圖謀共存共榮之道，不得不引為遺憾。

四、總之，中國官廳依法取締不良韓民及韓民不依法而欲取得權利者，貴國方面，動輒加以壓迫之名。其實中國方面對於韓民毫無壓迫之意；事實具在，非可掩飾。茲按照上述理由，韓農不能在萬寶山墾居；其與郝永德之契約在法律上當認無效，自不容該韓農等仍在萬寶山

繼續佔有農田。應再請轉飭勸令該韓農等速即退出該
地，至韓農與郝永德間因契約無效而發生之法律關係，
自應設法處理；華農方面已受之損失，仍應由韓農及早
補償，以資解決。

相應照請貴公使迅予轉達貴國政府查照辦理，並希見復
為荷。須至照會者。

第四節　萬寶山慘案之擴大

一　朝鮮人民復掘溝渠引水溉灌

吉林省政府致外交部函

民國二十年七月五日

謹啟者，關於長春萬寶山中日交涉案件，本日續據長春縣府文代電一件，除分函外，合併抄送，敬請鑒核，此致南京外交部。

計抄一件。

吉林省政府　啟

抄長春馬縣長文代電

吉林省政府鈞鑒：案查日警督飭韓人並招山東工人重挖被民墊平水溝各情形，業經電報在案。茲據縣公安局局長魯綺蒸代電稱，頃據第二分局遣警到萬寶山第三分局內電話報告，本日馬家哨口日人督飭韓民及山東工人，已將前被民人墊平之水溝挖通，共計搭設布幛房二十九處，在幛房之中高豎日本大旗一面，三里地以內，仍不准我方民人通過，故不能進前詳細調查等語，報告前來，除仍飭詳查續報外，謹此電請鑒核等情，轉報到縣，除分電長春市政籌備處，並飭設法詳查具報外，敬謹奉聞，長春縣縣長馬仲援。文叩。

吉林省政府抄

吉林省政府致外交部電

民國廿年七月廿二日

謹啟者：關於長春萬寶山中日交涉案件，本日續據長春縣公安局稟呈一件，除分函外，合併抄送，敬請鑒核，此致南京外交部。

計抄一件

吉林省政府啟　七月二十二日

抄長春縣公安局長魯綺稟呈

民國廿年七月十八日

格公參謀長恩憲大人鈞鑒：敬稟者，前上蕪稟，諒蒙垂鑒矣。今據二三兩分局長等電話報告，日警現督飭韓民，已將溝壩恢復元狀，河水引放溝內，達到稻田地矣。形勢消極，並無其他舉動，惟日昨日方派日警四名赴姜家窩堡村中尋找稻田地主十二家，擬與會面，該地主等均未與面，日警遂即到萬寶山第三分局內調查戶口冊子，詢問該地主等姓名，年歲等情。沐恩聞報後，當飭該分局長嚴詞拒絕，不准調查，置諸不理，日警遂即悵悵而去矣。沐恩立即又飭該分局再派官警傳諭該地主等，如無官府命令，不得擅自與日警韓民接洽，以免墜其奸狡計中，揣度日人如此舉動，難免擬找地主餌以重金，偽造契約，藉作交涉，狡賴地步耳。除正式呈報外，特此先稟。沐恩現在逐日派便衣官警前往馬家哨口一帶，勸諭該地地方村屯人民，勿與日警韓民再生衝突，聽候交涉，並監視日警韓民一切行動，隨時報告。知關憲注，特此附稟。敬叩崇

安，伏乞垂鑒。

沐恩魯綺謹稟　七月十八日

吉林省政府抄　七月二十二日

吉林省政府致外交部代電

民國二十年八月一日

（一）堤壩及水溝情形：日警督飭韓農修築之橫河土壩，寬約四丈，高約一丈五尺，均用柳條編籬，上敷以土，中留一流水之處，深約四五尺，如用土袋將流水之處堵實，則壩內河流水平增高，一直流入二十餘里之溝內。七月十日左右，堤壩修成，試行堵水，而溝內之水流注水田，水田地勢較附近為高，無處洩水，附近民田曾被淹百餘垧，嗣將土袋取開，河流降低，前項被淹之田，始免水害，然河東灘地至今仍在水中，土堤因有漏水情事，現在沈下尺許，流水之處土堤外根，因水沖注，已打成深渦，將來一發大水，土堤勢將頹壞。奉天日本總領事館柳井領事等六人，因奉外務省命令，調查東省韓人狀況，七月二十四日到長，二十六七兩日前赴萬寶山實地調查，向農民詢悉引水入溝，民田將被淹害情形，當囑將溝口頻河之處堵塞，以免淹害，業於七月三十日實行堵塞。查六月八日柳井領事曾奉外務省命令，來長調查此事，駐長兩星期始同遼寧，日被駐長日領田代重德矇蔽包圍，倒行逆施，以致激成農民正當防衛，發生七月二日日方軍警機關槍掃射農民之事件，若果柳井當時前往實地調查此案，或早已不成問題矣。

（二）種稻情形：駐長日領田代重德，昏頑顢頇，於六月下旬已過農時，強令韓人試種水稻。韓人均欲他往營生，該領責成保人不准他往，一面派警鞭責工作，韓人隱忍敷衍不及挖池，分區耡去亂草，即將稻種隨意漫撒於荒甸之上。七月中旬，稻苗僅長至寸許，亂草深約二尺，稻苗悉被草欺，現已一律黃枯，可謂滑稽之至。

（三）住留日警情形：附近河沿之馬家哨口，現尚約有日警二十餘名，大約前往接班之日警多在晨間，調回之警多在夜間，故不能得其正確數目。該項日警，一半住在河口賀姓築有砲台之房院內，一半散在河口野外障棚，並不時巡視水溝沿線，及距離二十餘里之稻田，地主張鴻賓房院，只餘人六人，為日警等作飯，現因高糧茂長青紗障起，鬍匪不時出沒，日警均有戒心，晝夜不安，均亟亟待命而回。馬河哨口河沿強佔之民房，現祇有賀姓一院。賀姓以家中婦女無處容身，催其即與騰出，據日警聲稱等幾天，不用著急，我們快要走了。

（四）農田損失：水溝引水試驗，農田即受淹百數十坰，幸為時甚暫，尚無大害，然水溝橫斷二十餘里，農田農民往來耕作不便，損失光陰、勞力、儲資、為數甚鉅，又前被日警警戒不准耕耘，附近農田收成，亦均減少，附近柳通均被強割淨盡，各被害農民業於七月下旬分呈吉林省政府、長春市政籌備處長，長春縣政府，聲明前情，請予交涉賠償，俟查明各項損失數目，即行續報。

（五）日方鬼祟狀態：日方在馬家哨口露天軍用帳棚，及日警隊在壕內持槍描準情形，前經天津哈爾濱各報新

聞記者拍照登載，日方始而揚揚自得，繼則頗滋悔惱。
八月一日，南京中央大學地理係考察團張其昀教授等前
往實地調查時，軍用帳珊三架，歸併一處，圍員正向該
處拍照間，日警攔阻不許，謂恐被各報宣傳，致為中外
輿論所責備云云。

吉林省政府謹抄　八月三日

二　日警屠殺中國農民

長春市政府籌備處呈吉林省政府致外交部真日代電

民國二十年八月十一日

吉林省政府鈞鑒：據長春國民外交協會函稱，查萬寶山
鮮人墾種水田，強挖水溝，種種不法行為，經我處長與
駐長日領田代重德，於六月八日議定撤回日警，停止鮮
人工作，由雙方派員會行調查，俾使公平解決；乃調查
甫竣，日領忽於十二日再度派警攜帶手槍、掩護鮮人、
繼續挖溝、硬行橫河築壩，我處長迭次公函正式抗議，
彼方仍故意延宕，依舊進行工作，鮮人意欲脫逃者，輒
被日警鞭責。當地農民，因二十餘里長距離之熟田截
斷，妨害耕作，不得已於七月一日集眾填壕，回復原狀，
乃日領竟派軍警百餘，攜機槍多架，於二日晨示威掃
射，同時復嗾令朝鮮京城朝鮮日報駐長記者金利三，連
發急電，宣傳相反之事實，鼓惑朝鮮各地，引起屠殺華
僑之慘劇，金利三於六月十四日在吉長日報登載，誤受
長春日領嗾使，並揭出萬案真相後，日領於十五日即密
令鮮人朴昌廈在吉林遠東旅館，將金利三槍殺，意圖滅

口。似此陰險性成之窮凶惡極，顯為萬鮮兩案之罪魁禍首，若不即日鏟除，實為中日邦交和平之最大障礙。本會忝為市民代表，願以全力為外交後盾。除電請中央嚴重抗議，將該領事即行撤換外，相應函達查照賜行等情到處。查此案不法行為之主動者，既為日領田代重德，故此案交涉我方所持正當解決之方鍼，卒難為彼方所同意，現在此案交涉擴大，業經轉由外交部及鈞府派員交涉，理合據轉前情，電呈鈞府鑒核裁奪施行。長春市政籌備處處長周玉柄叩。真印。

駐哈吉林鍾毓特派員呈外交部文

民國廿年八月廿八日

呈為轉報與萬案有關各項文件請鑒核備查事，案准長春市政籌備處刪代電開，關於萬寶山事件，經遼寧外交部特派員辦事處轉，據梨樹縣得獲七月二日日警請求關東廳派援千名之信鴿譯文函知到處，作為本案之參考，又據長春國民外交後援會，以駐長日領田代重德以武力侵害萬寶山農民固有合法權利，同時復嗾使朝鮮日報駐長記者金立三連發急電，宣傳相反之事實，致引起朝鮮各地屠殺華僑之慘劇，有金立三在吉長日報登載之悔過書為憑，實為萬鮮兩案之罪魁禍首，請予撤換等情，除於八月十一日各用真日代電，電呈吉林省政府外，相應附上真日兩次代電各二件，電請貴處分別存轉為荷等因，附抄件到處，理合檢同原抄件一份，備文呈請鈞部鑒核備查。謹呈外交部。

外交部駐哈吉林特派員　鍾毓

駐哈吉林鍾毓特派員呈外交部文

民國廿年九月二日

呈為轉報長春六區管界被橫河築壩浸淹良田坰數請鑒核
事，案據長春縣縣長馬仲援呈稱，案據縣公安局局長魯
綺呈稱，頃據第六分局長張廼昌呈稱，據第二分駐所巡
官盧廷報稱，自日警督飭韓民在馬家哨口河壩築成之
後，逼水橫流，致將河西職所管境大河沿一帶之田禾淹
沒，當訊據各該地主共七家，出具被淹地畝，切結共計
九十餘坰，該水勢現已滲涸，其禾苗枯死者共有四十餘
坰等語，分局長複查屬實，連同地主出具被淹地畝切結
送請鑒核等情，據此理合抄同切結七紙，備文送請鑒核
施行，謹呈等情前來，縣長複核被淹地畝情形，尚屬實
在。除飭詳查該被淹形勢繪圖具報外，理合先行檢結備
文，呈報鑒核施行等情，並呈送切結七紙到處。除指令
外，理合抄同切結七紙，備文呈送鈞部鑒核施行。謹呈
外交部。

外交部駐哈吉林特派員　鍾毓

第五節　萬寶山慘案之影響

一　上海市民抵制日貨

上海市政府咨外交部

民國廿年九月十九日

為咨達事，查自萬寶山事件發生以來，各地民眾激於義憤，於是成立反日援僑會，施行檢查日貨，本府會奉行政院暨准中央執行委員會秘書處密電，以反日援僑運動，實有審慎將事之必要，應即特別注意等由，節經密令公安社會等局轉飭遵照，曾將辦理經過及轉飭發還日商貨物各情形，隨時分別函電，呈報各在案；詎八月十二日夜十時左右，黃浦江有華舫牌鐵駁船一隻，內裝水月豐年等牌日紗及布疋，駛至浦東太古棧五號碼頭，臨安輪船旁卸貨，被該處反日會檢查員扣留，正在另雇小輪駁運上棧之時，有預停黃浦員江中之日本海軍艦安宅號，派武裝兵數十名，乘坐小輪追趕，將日紗及布疋盡行奪去，並將檢查員王阿金、宋志文、高善林、王美法四名拖至小輪中而去，當經公安局派員向日本駐滬總領事署交涉，始將王阿金等四名釋放。本府以日本海軍在中國領土內非法擄劫中國人民，篾視我國主權，違背國際公法，於八月十四日致函日本駐滬總領事嚴重抗議，要求懲兇賠償，保證道歉等事去後，旋准同月二十日函復對於本府抗議，諉卸責任。本府又於同月三十一日重申前悃再行抗議，接准本月十一日復函，仍無懲兇道歉之意。事關外交，相應將該案經過情形，及抄錄往來文件，備文咨達，即希察照為荷，此咨外交部

附送抄本府八月十四日函稿一件，本府八月三十一日函稿一件，日總領事八月十三日二十日九月十一日函各一件。

市長張羣

二 日本海軍擅捕上海市民

上海市政府咨外交部

民國廿年九月十九日

抄八月十三日總領事來函

逕啟者，日商東洋棉花會社支店，日前託日商國際運輸會社，將棉紗一百七十五包運赴牛莊支店；詎於八月十二日下午十時在運輸會社，將該項貨物用鐵駁船駁至浦東華通碼頭裝入太古洋行汽船臨安號之時，忽有自稱反日援僑會檢查隊徒眾三十人，託辭該項貨物係日貨，意欲加以扣留，將業已裝入汽船之貨物，自行卸至駁船，該駁船上有國際運輸會社使用人日人根本勝太郎目擊此狀，嚴加詰責，並欲上陸報告，反日會員竟敢將彼阻攔，恃眾凶毆，並將駁船曳往陸家渡，此時適被附近航行中之國際運輸會社小蒸汽船上之邦人瞥見，報告停泊附近之日本軍艦。軍艦得報，立即派兵員十五名，由士官一人，統率前往救助，反日會檢查隊員聞風乘拖曳該駁船之小汽船而逃，其中有下列四名不及逃避，被海軍扣獲，旋由海軍將該四名拘至本領事館，請為引渡貴國官廳。該四名嗣於十三日由本館引渡貴市公安局。查上述反日會員之行動，實同強盜行為，我國海軍目擊此輩之暴舉，認為有危及邦人生命財之虞，為救助起見，

採取此種緊急措置，乃理所當然。此次扣押之四人，雖據稱不過為反日會檢查隊所雇用之工人，但皆持有反日會員之憑證，且此四名中本館館員曾目覩一、二人在前次扣留日貨之時，亦在場動作，可知確為強奪我國所有貨物之慣犯，是以函請貴市政府將該四名嚴予懲處，以儆其後，並盼將處理該案之結果見復是荷，此致上海市市長張。

　　　　　　　　駐箚上海日本總領事村井倉松

計開四人姓名如下：

王阿金、宋志文、高善林、王美法

昭和六年八月十三日

抄致上海市長張羣致日本總領事函

　　　　　　　　　　民國廿年八月十四日

逕啟者，據報告本月十二日夜間，在本市黃浦江上有中國人民四名，為日本武裝兵士以強暴之手段，擄去兇毆受傷後，轉禁於貴總領事署，迨經市公安局派員交涉，始獲釋放等情。查日本海軍兵士在中國領土內，將中國人民擄劫，而貴總領事署又擅將該民等拘禁，實屬蔑視我國主權，違背國際公法，該案之發生係因該民等舉行民眾運動，其一切措施，祇能受中國法律之制裁，即使容有不慎之行為，亦斷非貴國當局所得而直接干涉。似此非法舉動，萬一激生事變，誰負其責。據報前情，本市長特提出至嚴重之抗議。請煩查照將肇事逞兇之兵士，依法嚴辦，對於受傷之中國人民，加以賠償，保證嗣後勿有同樣事件之發生並表示歉意，以維睦誼，而免

糾紛，並希見復為荷，此致日本國駐箚上海總領事村井
倉松。

市長張羣

抄八月二十日日總領事來函

逕復者，本月十四日大函，關於十二日晚間所發生之事
件一案，業已閱悉。查本案事實之真相；前經本總領事
館於十三日函達在案，諒邀鑒及，貴市長來函有謂我方
將檢查員捕縛監禁云云，惟查當時日本海軍兵士為引渡
貴國官廳起見，經將拘獲之暴行者帶館，請求本館代為
引渡，但本館受囑之時，係在八月十三日午前二時，是
以不得不俟天明後再行引渡至貴市公安局，並非故意遲
延，又在留置中，本館僅施以為防止其逃亡起見之必要
的措置，絕無有意監禁之事實，此點為貴市公安局職員
來館引渡時所承認者，換言之本館不過施以未引渡前之
必要上之措置，決不能視為不法監禁也。又貴市長來
函，謂日本兵士將此等暴行者毆打成傷云云，更與事實
相左，日本兵士故意使彼等受傷云云，諒係此等暴行者
之誣供，又貴市長謂日本官廳在貴國民眾運動之時，對
於越軌行為之干涉，乃不法措置云云，但查日以海軍所
干涉之強奪行為之為妨害公共安寧秩序之不法行為，乃
貴市長夙昔所承認者，貴國官廳目覩此種不法行為之發
生，竟任其放縱，不加阻止，是以在犯罪行將遂行危急
之際，海軍兵士適在出事地點，就近阻止此種犯罪之遂
行並防正貨物之強奪，決不能認為非法行為，且在犯罪
正在進行之危急之際，即非官廳任何人俱得前往救援協

捕犯罪者，此乃各國法律所容許，抑且應視為足資稱揚
之美舉。貴國刑事法規亦有是項規定，日本海軍兵士之
行動，亦不過為在緊急時防止現行犯之義俠行為，決不
能目為不法措置，據上述理由，本總領事對於貴市長之
請求各點，不但不能承認，且更有不能已於言者，查反
日會此種非法行為，非自今日始，其由來之久遠，諒亦
為貴市長所熟知，其間本總領事曾屢次向貴市長作口頭
及書面之要求，請予取締，貴市長雖屢次言明，准予取
締，但不幸取締未見澈底，此種犯行依然不能絕跡，此
實本總領事所深覺遺憾者也。此次竟對於日本海軍，在
協助公安及秩序維持之旨趣上，所採取之正當措置，寄
遞抗議，更使本總領事對於貴市政府不法行為取締之誠
意上，滋生懷疑。貴市政府如再不勵行取締，今後被害
仍有續發之時，釀成重大事件，亦難逆料，相應再請貴
市長今後加緊取締反日運動，凡稱為反日會之非法團
體，應即通令解散，又對於日貨扣留行為之暴行，應加
以彈壓，嚴重處罰犯罪者，以期絕滅，而敦中日邦交。
此復上海市市長張。

駐箚上海日本總領事　村井倉松
昭和六年八月二十日

抄致日本總顧事函

民國廿年八月卅一日

逕啟者，接准八月二十日大函，對於本市長所抗議日
本海軍兵士擄禁中國人民一案，諉卸責任，實深遺憾。
查此次民眾運動所誤扣日商貨物，本市長據報告後，

均已令飭查明發還，並經負責表示，如民眾方面有不
慎行為之危及外僑生命財產者，自當依法取締，前此
貴總領事過訪時，且經當面奉告，而乃在雙方辦理該
案過程中貴國海軍竟不待我國當局之措施，貿然在中
國領土內將人民擄劫逞兇，擅行羈禁，其為蔑視我國
主權，違背國際慣例，實彰彰明甚。至謂日本海軍此
舉，係本協助公安維持秩序之旨趣一節，查本市政府
對於轄境內外僑生命財產自有依法及照約保護之責，
斷不容他人越俎代謀。准函前因，相應重申前恉，再
行抗議，請煩查照前函，迅為辦理見復為荷，此致日
本駐箚上海總領事村井倉松。

市長　張羣

抄九月十一日日總領事來函

逕啟者，八月三十一日第三一四九號大函，業已閱悉。
詳案該函所述，其大要與八月十四日貴函旨趣相同，不
過為反復敷衍之字句，本總領事以前次大函業已於八月
二十日詳細駁復在案。所有我方之主張，亦已於該函敘
明，此時認為無贅述之必要，且亦無其他得以補充之字
句。相應函復，即煩查照為荷，此致上海市市長張。

駐滬日本總領事　村井倉松

第六節　中國對待朝鮮人民並無歧視

一　中國並未歧視朝鮮人民

駐清津馬永發領事呈外交部

民國廿年八月廿四日

為呈復事，接奉八月一日鈞部第七八〇號指令內開呈
悉，各該團體代表所稱，欲謀中鮮永久安寧，當融和中
鮮感情等語，甚中肯棨。至所稱欲融和中鮮感情，當改
善在華韓僑待遇一節，不免有所誤會。查鮮民在華，中
國官廳，向不歧視，當為各該代表所深悉。此次萬寶山
案，韓農明知非墾居區域，冒然訂立租種契約，並未呈
報官廳核准，竟侵佔他人土地，挖掘水溝，截流築壩，
地方官廳制止，乃藉日警以為抵抗，日報顛倒事實真
相，輒謂中國官廳人民壓迫韓農，致釀此次重大之慘
案，其是非曲直，甚為昭著。仰本此旨，向各該團體代
表，明晰解釋，勿為報紙宣傳所愚為要等因，奉此。業
經遵令招集當地韓人各團體代表到館，詳為解釋矣。理
合具文呈復，敬祈鑒核。謹呈外交部、次長。

署駐清津領事兼署元山副領事　馬永發

二 各地並攝製排外影片

東北政務委員會咨外交部

民國廿年七月廿五日

東北政務委員會為密咨事，准貴部第七八號密咨，詢查遼寧外交協會四月五日各縣分會聯席大會開會時，實情如何，請飭查見覆，以憑核辦等因。准此，查製作各種排外影片一節，絕無其事。不惟不成事實，且該會並無此提議。所謂妨阻中日合辦事業者，當即該會提議之不合作。所謂排斥日人經營之漢字報紙者，當即該會提議之防止日人片面之危害宣傳。所謂關於中日間之紛爭作不良宣傳者，當即該會提議之公佈事件真像於世界，求國際輿論之制裁。所謂決議實行抵制日貨者，殆即該會提議之經濟絕交。且該會議決案內有云，倘遇日本在東北非法行動時，必先調查事實，報請中央地方政府交涉，以表示民意，或至萬不得已而後，始用特殊方法，是其所採手段，尚無不循正軌之處。況該會所提議，尚有對於蘇聯，對於他國者，並不專對日本乎？東北人士，日在外交緊迫之環境中，因而激發其心聲，似亦不無可諒。除密告該會慎發言論，免為外人藉口外，相應檢同該會刊物，咨送貴部，請煩察核辦理。此咨外交部

第七節　朝鮮志士洞悉日人陰謀

一　朝鮮明達之士希華涵容朝鮮人民

駐朝鮮盧春芳總領事呈外交部文

民國廿年十一月十四日

為呈報事，竊准朝鮮總督府外事課長函介黃人社社長朝鮮人李東華來館，當經總領事親自接見。據其談話大要略稱，本人久在黃人社服務，夙以努力黃種民族之平和為主旨，萬案鮮案發生後，曾親往各該處實地視察。又在東京時，並曾呈遞意見書於汪公使，深以中鮮民族間邇來迭起誤會，乃至發生不祥事件為憾事，要其原因，實基於雙方下級民眾智識之薄弱，望念日韓合併後，日人在鮮者已達七十萬，鮮人被迫不得已覓食於東省廣漠之區，大多數均屬良善農民，惟冀中國力予涵容，實為幸甚等語。經駁以萬鮮兩案起於有智識者之煽動，中國人在萬寶山無端而受侵害，在朝鮮復無端而遭慘殺，然則與其謂為基因於雙方民眾智識之薄弱，無寧謂為朝鮮民眾智識薄弱，為有智者所利用耳。該社長對於日方近來舉動，雖不無訾議，而語多唯唯諾諾，近於圓滑。綜其語意，要不外希望中國對於東省鮮農與以寬大處置，並將所持萬寶山照片及其他文件，借供抄錄，請予介紹前往仁川而去。嗣據仁川辦事處報告，稱該社長來處訪問，據談稱彼此次赴間島龍井村視察完畢，二三日後當即回東京，將代表在滿洲百萬鮮人請願日政府和平解決東省事件，並希望在滿百萬鮮人歸化中國。又謂日本政策在驅逐鮮人入滿，俾日人入鮮。現在日人在鮮者有

七十萬，而十鮮人之生活，為一日人之生活，故須驅逐
七百萬鮮人入滿後，在鮮之七十萬日人，方能生活也。
最後請求介紹商會，捐助伊少許路費。答以商會主席未
回，不得已辭去等情。翌日，來館取回借閱文件時，亦
復以捐助為請，業經婉言拒絕。所有該社長前來本館及
辦事處談話情形，除萬寶山掘土情形之相片曾在發行之
刊物見過無庸翻印附呈外，理合檢同大韓獨立軍別働隊
論告，及呈汪公使意見書各譯件，據實呈報鈞部。是否
足供參考，敬祈鑒核。謹呈外交部部、次長。

駐朝鮮總領事　盧春芳

譯件

敬呈

對於由萬寶山事發端之朝鮮暴動案，竊東華以朝鮮人之
名，深表遺憾之意。東華前於一九二八年九月由小村
俊三郎氏之介紹，曾拜謁鈞座。上次趨訪，適值鈞座
外出。竊維朝鮮人之移居東省者，其數計達百萬。彼
等之所以遠離故國者，其中實含有不得不去之理由。故
朝鮮人之移居貴國，並非進展而實漂流也。

貴國孫文先生之革命，至今尚未完全成功，則朝鮮人亦
感同樣之苦惱也。故如此次之事件，可謂骨肉相食之事
矣。貴國擁有四百餘兆（即四萬萬餘）之人民，素稱世
界之大國。朝鮮為人口僅二千萬，而不能自立之國家。
以故靜心觀察朝鮮民族，須賴貴國之同情，始能生存。
竊以為在土地廣濶之東省，雖有百萬之韓人，諒未必能
侵犯貴國國民之生活也。

尚望將吾輩韓人，包羅於青天白日旗之下，使能浴三

民主義之恩澤，俾將來不致再發生如此次之不祥事件，以絕一切爭鬪之根源，而永久互相提攜，此東華之所深望也。

鈞座此次調查此案，伏乞鑒核韓人之苦衷，而為我中韓兩民族謀圓滿之解決，則幸甚矣。再東華當本此旨，在各處開會演講，併以附陳。敬白。

昭和六年七月十二日

黃人社社長　李東華

二　朝鮮志士諭告萬寶山農民退去

諭告

諭萬寶山農民退去

汝等慎聽我等命令，破壞大韓之獨立及國家者，即帝國主義之日本倭賊。二十年之間，刑罰或殺戮我等數十萬同胞。又十餘年之間，以經濟困難每日被逐在外二百萬同胞中，汝等亦是被逐者。不共戴天之仇，即倭賊無給你等飯吃之理，若給你等飯吃，此係養好以後，欲作俎上肉之意，此亦不是將來之事。倭賊早已利用汝等侵略中國。汝等已為犧牲物，亦為強制使役之奴隸，搾取膏血之資本，鎖繫在汝等之頂上。汝等之行動，作日本之走狗，損害中國之主權及人民，在朝鮮地方行排華舉動，作吾族之永遠羞恥，又中韓兩族之間作永遠之傷痕，俾住在中國東北百萬同胞之生活不安，其罪萬死不足惜。然而原諒汝等之無智及過去之事，指示遷善之路，令下立即退出萬寶山，移往長春以外鄰近地方可也。汝等到後，由該處歡迎救濟。

若移住則生，若不移住則死，後有人監督汝等之行動，
切望思念遵行，不要後悔。

　　　　　　　　　　　　　　　　大韓獨立軍別働隊
　　　　　　　八月十二日（陰曆二十九日）

第八節　日人煽動朝鮮人民仇華

一　日人故作虛偽宣傳

駐朝鮮盧春芳總領事呈外交部文

民國廿一年二月廿五日

為呈送事，竊查去年日人藉口萬寶山問題，授意朝鮮人新聞記者向鮮內作虛偽之宣傳，卒引起七月初旬鮮人襲擊我僑之大暴動。該項情事，初發生於仁川，繼即蔓延各地，其經過情形，疊經本館呈報在案。茲據仁川僑商王成鴻談及其時情狀，並出示鮮人當時設法緩和暴動之傳單一紙，係由該商授意而發，仁川當地暴動不至如平壤劇烈者，或即以此故，似有參考之價值。該項傳單業已譯出，理合檢同原文，並譯文抄件各一紙，備文呈送鈞部鑒核備案。謹呈外交部部、次長。

駐朝鮮總領事　盧春芳

附件：鮮文傳單及譯文抄件各一紙。

二　所譯傳單

茲將萬寶山問題謹告各位府民（抄件）

對於中國暴民襲擊中國萬寶山三姓堡同胞之事，在滿領事館警察官及在滿朝鮮人青年徹底保護，同時警備該暴民等語，已將此意記載於新聞紙上，各位早已知之。在滿同胞問題，係外交問題，故應由中央政府調查其真相，又講究其對策，此為無疑之事。該問題係日本之滿蒙政策中重要問題，所以此次暴民襲擊事件，想可依我等所望將為解決。

昨今在仁川因此問題激奮之府民突發感情，忽然之間，與仁川居留中國人稍為衝突，此即萬不得已之事。然在萬寶山被害事件，尚無確實判明之際，於仁川居留二千名中國人行使暴動，此反為在滿百萬同胞被害之念。慮因一時發奮，府民中雖為一人之故而產出犧生者，甚為遺憾。然則以萬寶山事件判明之時為止，應自重又靜視不取暴民行動，我等民族所取其合理合法的正當之事，此為最善之對策。

昭和六年七月　日

金元福　李昌兩　孫亮漢等八人

第九節　朝鮮之仇華暴動

一　漢城華僑受害情形

駐朝鮮張維城總領事致外交部電

民國二十年七月四日

部、次長鈞鑒：二日、三日鮮報紙為萬寶山三姓堡事件
發行號外，有中國官民襲擊韓人情形危急等語，致激動
鮮眾群起仇視華僑。昨日暴動甚烈，仁川事情尤重，京
城各處僑商農工受輕重傷，及被損害不止百家，僑情危
懼，紛紛歇業避難，除迭次嚴重交涉，請鮮督府加派武
裝軍警切實保護，取締制止聲明保留一切交涉權利，一
面通告各館各商會，遍告僑民妥慎注意，設法防範，避
免衝突。並電東北政務委員會請示該事件真相，仍向
解釋外，謹先電聞。祈酌量宣傳，以為交涉地步，並
電示機宜。餘文詳，維城叩。四日。

外交部呈行政院文

民國廿年七月十四日

為呈報事，案據駐朝鮮總領事，暨鮮屬各該領館送電陳
報。朝鮮報紙以萬寶山案，聳詞激動韓人仇視華僑，自
本月三日起，群起暴動，蔓延各處，尤以平壤、漢城、
仁州等處為烈。華僑紛紛到領館避難，僑商店戶多被
搗毀，約計死傷總數不下數百，已回國者約有數千，
正在分別交涉撫慰各等情。本部當即向日本代辦提出
抗議，一面電令駐日公使，駐朝鮮總領事，一致要求
立予制止暴動，保護華僑，並保留一切交涉之權，據

汪便電稱,日本對此表示十分歉意,並稱已嚴命鎮壓,當漸平靜,故鮮督曾電責任有人負責決不諉卸等語。經又電令該使赳期赴鮮,撫慰調查。續據駐朝鮮總領事電稱,各方暴動漸告平息,朝鮮官廳擬送慰問金及難僑川資用品,應否接受等情。當以暴動雖告漸息,所有華僑生命財產死傷損失詳細數目,正待確查,在此保留交涉期間,自不便遽行接受慰金川資。經即電復該總領事除舟車免費及臨時用品可酌量允納外,贈送概拒勿受,俟汪使查報到部,再行依據交涉。現汪使已起程赴鮮,除萬寶山事件,另案呈報外,理合將韓人暴動仇華案,目下交涉經過情形,呈報鑒核備案。謹呈。

二　仁川平壤華僑受害情形

七月五日接仁川商會電

　　暴動益見擴張,市面不穩,中國街暫時却無妨礙,全體罷市。

七月五日接京城商會電

　　此番暴動,背後似乎有人,華僑所有財產已有危險,商業已經罷市,京仁頗甚,外埠蔓延勿減,此後難料,如何再告。

七月六日又電暴動仍舊

駐朝鮮張維城總領事致外交部電

民國廿年七月六日發　七日收

南京外交部次長鑒：迭電計達，漢城仁山領館等處避難者絡繹不絕，已達七千人，情勢危急。據報漢城仁川華僑被拘被戕者，傷害甚重。仁川尤甚，數目不詳。平壤昨晚發生大暴動，據朝鮮新聞號外，平壤新舊街市華商商家全滅，損失四十萬元，重輕傷數十名，已死者十八名。元山亦波及，僑情洶懼，除隨時嚴重交涉充分保護取締制止，並經密託有關者設法緩和外，可否由鈞部設法交涉，容後於危急時再行召集領團，嚴請保護外僑，電請察核施行，指示機宜，並速電滙款項救濟。迭電所請各節，乞照准，並電覆。又總督在東京，此間無人代理，除電陳公使注意外，謹聞。維城叩，六日。

駐鮮張維城總領事致外交部電

民國二十年七月七日

南京外交部總次長鑒：六日電悉，據報仁川損失二百餘萬元，現除新義州外，各處紛紛告急。職領應付各方面事繁責重，避難僑民需費，館員因公疾病，不敷分配，除電請調員乞照准外，懇准予委派臨時職員。又漢城、仁川、甑南浦各項急切需用，約日幣二千圓，乞速電滙，並轉呈國民政府撥款救濟，不勝盼切，維城叩。七日。

三 大青島華僑受害情形

駐朝鮮張維城總領事呈外交部文

民國廿年九月一日

部次長鈞鑒：據報黃海道、長淵郡、大青島暴動未息及辦理情形，業於八日外字第一百三十三號代電呈報在案。茲據駐鎮南浦副領館轉送李代理主事綠漪調查報告書略稱，本月十五日帶僕役一人，奉命至大青島慰問調查。先至長淵華僑公會探問，據稱大青島有華僑二十七名，現尚存十四名，自警署接得總領館及鎮南浦領館電報後，即派警至該島將鬧事鮮人拿至警置究辦等語。及見警察署長請加意保護，允予照辦後，至洪街步達德洞，乘金德泰號帆船前往。由德洞至大青島，計一百四十餘里，十六日晚三時（即十七日午前三時）始達該島。黑夜中由船家攜手至島間華商福興永號。據該號掌櫃張景峻面稱，島中華入共有商店二家，農園二家，當各處暴動時，此間來島外人二名，運動仇華，以致菜園主呂公祈（年四十歲，金州廣鹿島人）之棚屋打毀，受損失日金五十元。菜園主姜希德（年五十九歲，萊州即墨人）之雇役受輕傷（籍貫同主人），其餘商店等均無直接損失。此次由三四無賴鮮人借酒醉以買布論價為名，藉端敲詐義順鴻號，恐事擴大，孤島無援，所以通信仁川。自長淵警署接到領館電報後，即派警察來此，將擾事鮮人拿去，並召集鮮人甲長曉諭一切，囑商等安心營業等語。至十七日午前八時，至兩菜園及義順鴻等處慰問，下午二時乘船離島，因水逆浪大，危險萬狀，行至中心，

不能直進，衣服盡濕。至九時許，黑暗如墨，忽降狂風暴雨，幾遭覆沒者屢。至十二時間脫險。達德洞，由此回鎮南浦，途中車忽破裂，至十九日上午十一時始回館。共用旅費日金四十四元八角四分正等語。據此，除將該員旅費賑目電請照撥外。謹呈。張維城叩，二十五日。

四　新義州華僑受害情形

駐新義州朱芾總領事致外交部電

民國廿年七月七日

部長鈞鑒：鮮人暴動已波及於新義州，時常發生騷擾，僑民極為不安，紛紛集於領館者百餘人，去安東者數百人，凡在市外者派警運至安全地方，領事率同館員親自巡視安撫。除與官廳努力防備並與鮮人有力者協力勸諭外，務祈達到平息，特先電聞，並乞電致吉林政府將萬寶山事件早日解決，以慰僑眾。駐新義州領事朱芾叩。七日。

新義州中華商會致外交部公函

民國二十年七月七日

呈為呈報鮮人暴動經過情形，仰祈鈞鑒事，竊自七月六日晚十時許，鮮人暴動麕集千餘人襲擊華僑商店，投石叫囂，幸領事館早日得到消息，事前與平安北道知事及新義州警察署長交涉，預為防備，並密令僑眾小心謹慎，提前閉門。及至暴動發生時，又迅予電知警署，派多數巡察前往鎮壓。我華僑商店僅擊碎門窗

玻璃者十餘家，幸未釀成大事，是夜徹宵警戒，領事館及商會各人員，亦徹宵應付各方，將各商店重要帳簿契據運至商會及領事館保存。次晨謠言更甚，暴動四起，投石毆打，到處皆有。各商店門窗玻璃被擊碎暨行路華人被擊傷，來會報告者，刻有數起，爾時人心恐惶，閉門罷市，不敢外出。朱、張兩領事等見風聲緊急，立即往訪石川知事及田中警察署長，協商借用汽車，將市外僑民運至安全地方。至正午止，來領館及商會避難者一千二百餘人，赴安東者三千五百餘人。及至旁晚，以領館及商會房屋狹小，復將老弱婦稚送往安東，由安東縣政府公安局等各機關設立臨時收容所，妥為安置。八、九、十三日，除領事館及商會外，其他各處均無華人，僑民所遺之商店空家，均由警察署派警巡邏看守，商品家財，尚無重大損失，受輕傷者十餘人，其餘詳情尚待調查。十一日以後，地方平靜，僑眾逐漸回新，現已多恢復營業。本會除協助領館妥籌善後及調查外，理合將此次鮮人暴動經過情形，備文呈報。懇乞鑒核，謹呈國民政府外交部。

　　新義州中華商會主席　韓文清

　　常務委員　王佐周　趙介宸　匡景超　王景仙　同叩

五　華僑請願

朝鮮全體華僑七月八日致外交部電

民國廿年七月八日

照抄朝鮮全體華僑七月八日來電

萬急。中央黨部，各級黨部及各報館均鑒：本月四日夜
二時，鮮人各地暴動，萬分兇烈，糾集暴徒五千餘人，
放火慘殺。仁川華僑死者十人，亨城孔德里僑農死者一
名，被縛去二名，生死不明傷者六百餘名。六日，平壤
暴動甚烈，華商全部毀滅，死者四十餘名，重傷危殆
三十餘名。鎮南浦、群山等處暴動尤烈，死傷不知其
數。七日各地仍繼續暴動，現續到總領事館避難者四千
餘人，其他領事館俱亦滿容難僑，加以連日霪雨，難僑
露宿草，地多染時疫，慘苦情況，危急萬分，領事束
手。日兵敷衍保護，暗裏慫恿，眼看九萬僑胞死無葬身
之地，仍請轉知外交部，禮予嚴重交涉，並祈示復。朝
鮮全體華僑叩，庚（八日）。

仁川華僑商會致外交部電

民國廿年七月六日

南京蔣座，外交部長鈞鑒：萬急。日報鼓吹萬寶山事，
本部鬩人於江三日起，激烈暴動，愈演愈烈，華僑商
店，除中國街暫存外，其餘各處華商門窗俱碎，貨物
器具毀搶殆盡。僑民慘被擊斃者，現經查有四人，尚
有數人性命不保，傷匿更不計其數。日警陽示保護，
陰實故縱，每尾暴民之後，俟其暴行已過，乃假意驅
逐。僑民刻下咸集中國街，危急萬狀，能否安全，實

不敢定。懇速予以救濟，仁川華商商會叩。歌，叩。

駐朝鮮張維城總領事致外交部電

民國廿年七月十日

南京外交部：萬萬急。總次長鈞鑒：據平壤調查員報告，僑民男女老幼被害者二百餘，傷五百餘，避難五千二百人，商家全毀，無法恢復原狀。管內非常憤激，要求率領全體回國，請速派艦到甑南浦、仁川載運，報載次長偕同盧總領事來鮮，何日抵漢城，一併盼電復，維城叩，九日。

駐日本汪榮寶公使漢城致外交部電

民國廿年七月廿日

南京外交部：連日巡視平壤、甑南浦等處，昨回漢城，奉電敬悉。平壤死亡數，據檢事局查驗埋葬者止九十五名，而僑民僉稱投江失踪者尚多，店舖全毀，據商會酌量計算損失在二百萬以上，該地官吏於事後救濟，自屬十分出力，而事前失於防範，斷難辯解，現由領館商會協謀善後，其自願回國者，陸續遣回。甑南浦情節尚輕。本日擬往仁川。前電共同調查一節，或俟榮回京面商再定辦法亦可，仍盼電示，並請令催駐元山副領事館繆主事速到任。榮，二十日。

駐朝鮮張維城總領事呈外交部文

民國廿年七月廿八日

呈為呈報事，竊職領自據報平壤一帶暴動後，即於六日、七日、八日電飭分駐鎮南浦徐副領事慰問查復，滙款接濟，並電託平壤府尹善處一切，八日派李主事馳往該處慰問調查，業經另文呈報在案。旬日以來，屢擬親往調查，無如館務殷繁，避難僑民尚須管理。各館對於交涉撫慰事宜，或請協助，或詢辦法，均須即辦，夙夜從公，尚虞積壓，職領既奉鈞電，切實聯絡各館交涉撫慰，自不便擅離任所，致誤全鮮僑務，諒在洞鑒之中。迨十六日，汪公使來漢城，囑即陪同前往平壤鎮南浦實地調查，當於是晚啟程，十七日行抵平壤，即商承公使督同徐副領事，與該處商會協議善後事宜，並晤各地方官囑託一切。除經代電呈報外，謹將實地調查紀錄，抄呈鑒核。至其他詳細報告書，業經飭由徐副領事逕呈汪公使轉呈，以期迅捷，合併陳明。謹呈外交部部、次長。

駐朝鮮總領事　張維城

實地調查紀錄

七月十六日晚十時四十五分京城（即漢城）發列車
汪公使、張總領事、任神戶領事、高譯員、小田朝鮮總督府通譯官陪乘赴平壤，七月十七日早六時許到達平壤驛前，有平壤道廳藤原內務部長、大島府尹、鎮南浦徐副領事、黃商會主席並其他多數人士出迎。午前九時由藤原內務部長引導先赴醫學講習所（收容所），齋藤

地方課長引導，商會孟會長以次容難民六百餘人，齊迎悲痛呻吟，婦女嗚咽之聲，不忍正視，慘態尤不堪罄述，由各幕幔、便所、洗水所、炊事場、病舍等，均一一視察畢，隨馳車赴道立醫院內，分科治療重傷男二二人，女四人，輕傷男三七人，女七人，均一一親視，重傷如手足打斷，頭部破開，焦皮爛面，尤不忍覩，能活命者恐不多（因常常無術治療，每日均有死者），輕傷均須相當時日醫治。順赴道廳園田知事報告經過，大致如事件發生當時之戒備以及內鮮人的取締，收容所善後辦法，村落農民問題，犯人檢束的嚴重及及裁判所判決的表冊，到今天止已達七百名，自白者計二百名，警察原有二百名後增到千名。案件發生為五日夜起，極急為六日一時到三時中間，警察均一戶一名的戒備，又五日接到警務局長訓狀，武裝戒嚴，及後來朝鮮團體各急告民眾書，分撒民間，解釋流言蜚語，鎮定人心，其他關於詳細情況，均有報告書，報告完畢，公使總領事等十時卅分同赴長山墓地，十時五十分於遭難慘死者墓前焚香致弔，並各寺壇設中華民國人被難靈牌追悼，墓計列五橫排，葬於一園地，據藤原報告，均用棺殮，每棺一人，裝殮後二十人一排，計四排半，中有二嬰孩裝一棺，具葬者為九十五名。嗣又談善後一切處置，避難民除志願已歸國者外，現收容所計六百餘名，農民因散處此次擬聚集一處，以便管理，並可使其早日就業，以免賦閒長住避難所，於此後炎夏健康上不適宜，聞於十八日後擬變遷云，午後三時，商會孟主席憲詩代表張景賢、

王紫宸、許册臣、王澤國、農代表劉天智、丁惟鑒、姚春德，王鈺來見，報告先後經過詳情，據稱，五日病院及死亡與及避難民全部六十餘名，六、七兩日避難民遷入收容所，所有財物全部掠奪盡竟，因警察署兩次囑安心，且不准多帶一物，致遭全部損害。總領事向總督府交涉，請於三日即武裝戒備，然其武裝戒備則為六日上午以後，聞西城里種菜業七十餘名避集一所，警察告以不必跑開，後各人驚慌跑出，即為鮮人毆打，致死者三十餘名，時警察亦不加保護，此因警察中鮮人居多，又聞有四十餘名，慘遭毒手打後擲身入大同江。農代表報告農物種種情形，云被打一天，掠奪兩天，一概俱空。避難民至本日止，命移以收容所，齊赴鄉間種地，但以鄉僻無人負責保護，請代設救濟辦法，因種菜地者散在各方，現擬東西分設各能住六十家人之大草屋，作集團居住。日官憲逼去種地，先給兩天伙食，以後各人準備云云。時以新聞記者及朝鮮人代表求見，談話略中止。嗣公使謂事前日人不好好防範，事出之後，亦未好好保護，但事出來了以後，對於負傷者保護者死亡者盡力埋葬一層，尚無異議。原來萬寶山事件，全為傳聞之誤，乃竟藉為口實，更屬謬誤，不過目前日政府換賠償名目，拿救恤二字來講，這固然不合於國際法，惟其賠償實際上已算承認，所以今天道廳種種急告看後，將來交涉方面如果伊引萬寶山事件為口實，即可引證出急告來。其將來之善後問題，當此日本報紙挑撥中國排日熱之風潮時，希大家急發電報制止，國內切勿輕舉妄動，總應平和勝利，勿擴

大宣傳到國內，反惹不利於此次之交涉。其於男女婦孺
中有歸不得者約二三十人，開具名單報告送回國去，由
地方長官安插等語。總領事報告辦理交涉經過，略謂三
日即請武裝警備，四日函知各日領館，並電呈外交部公
使館，此後連日交涉，並據情電請派艦載運，後因京城
商會議決，不必來船，故即去電婉謝。國民政府外交部
各當局對於撫慰僑胞，極為注意，一切可與徐副領事接
洽等語。詳細情形，由該代表另呈詳細報告，並損失實
數，據計實為日金貳佰四拾萬圓。旋又談日官限遷出，
只能自辦收容所，分四處，亦商妥。十八日天雨，八時
乘汽車赴鎮南浦，午前十一時五十分到旭丘領事館，少
憩，避難民接見慰問後，十一時廿五分市內被害家屋視
察。府尹與警部長來見。午後原車返平壤。十九日午後
二時卅分平壤，發列車九時到京城驛。

六　向朝鮮要求鎮壓暴動

駐朝鮮張維城總領事呈外交部文

民國廿年七月十六日

南京外交部總次長鈞鑒：十四日電計達。連接各團體
各報來電，嚴催發表交涉內容。茲將致朝鮮政務總監
函摘要電達，四日函稱：鮮人排華事前即請防範，乃
不祥事件層見疊出，顯係保護不力，請酌派武裝軍警
分向鎮壓制止，並通知保管避難華僑財產，所受傷害
俟查明後辦理。九日函稱：平壤有道廳、府廳、憲兵、
警察、軍隊，當局坐聽朝鮮人暴動，至七、八時間，
慘殺華僑，財物悉被掠奪，當然由貴國政府完全負責。

各處華僑死傷損害，查明再辦，業經聲明。目前應急
辦法四條，請其答覆：（一）鎮壓暴徒。（二）現急
為保護未避難華僑。（三）使各處避難華僑即日恢復
原狀。（四）絕對保證（似有脫漏）等語，請酌量發
表。據駐元山副領事報稱，仍有警報等語。已嚴重交
涉，應急調查諸費需款甚急，盼速電滙日金二千圓。
維城，十三日。

七　朝鮮事件調查報告

駐日本汪榮寶公使歸京後密呈外交部文

民國二十年八月六日

為密呈事，本年七月九日奉部電：朝鮮事件，政府甚為
重視，請執事前往調查慰問，事畢並希來京一行等因。
當即電請酌帶隨員一名。館務交江參事暫行代理，並陳
明在鮮事畢，取道遼燕順便調查。接洽一切，即行回
京，經奉覆電照准。旋及訂期會晤幣原外務大臣，面行
通知，即於同月十三日由東京啟程。道經神戶，即調該
館領事任家豐隨行，幫同辦理一切。當經遍赴朝鮮滋事
各地釜山、京城、平壤、鎮南浦、仁川、新義州等處，
所有大略情形，業經先後電陳在案。嗣於二十三日離
鮮，在安東停留一日，瀋陽停留二日，遍晤該地方重要
官吏。將所謂萬寶山事件始末調查明晰，即由北寧線直
接赴平，順謁張副司令。因探悉津浦南段阻水，立即購
買船票，改由航海南行。於本月五日抵滬，本日抵京。
查此次被難各地情形，自以平壤為重，仁川次之。其餘
各地防範較早，未致釀成巨變。茲將各處情形分別臚陳

如左：

平壤鎮南浦：七月四日晚，鎮南浦徐隨領因悉京城仁川發生仇華暴動風潮，因於五日晨正式專電平南、黃海兩道廳警察部長，平壤警察署長，又面晤鎮南浦警察署長，切託對於華僑妥為保護，並與當地商會商議預防辦法。至平壤事件，據該處華僑各界代表聲稱：五日上午十一時許，接平壤警察署電話，請商會主席往署談話。其時因主席適回安東，即由常務委員張景賢偕同羅翻譯前往。由安藤高等系主任接見，謂本地倘有暴動發生，本署必切實保護，苟遇有鮮人尋釁，望特別容讓，並從早閉門，一切可請安心云云。歸會後，即通知各僑，謹慎防範。迨至下午七時半，驟然發生暴動。暴徒蟻集，不計其數，手持棍棒、刀、斧、石塊等兇器，並攜帶電筒，對於華僑家屋，不問農工商賈，分隊輪流襲擊，遇我華人，不論男女老幼，恃強毆打至死。毀掠財物，焚燒賬據，且帶有引火燃料，隨處設法放火。指揮均用警笛，組織頗為完備。直至翌晨，仍未停止。殘忍慘酷，世所罕覯。而各處警察不佩武裝，徒手制止，何補於事。及至九日，知遭難慘死者百餘人，傷者二百餘人等情。查此次全鮮仇華事件，以平壤為最烈。當地官廳事前接領館電而不加嚴重警戒，道廳漫無防範，警署徒託空言，各處暴動既起，猶不斷然處置。當晚警察既未武裝，軍隊亦不出動，致暴徒全無畏懼，得逞兇頑，其疏忽怠慢，玩視職責，以及藐視我僑生命財產，有如此者。至平壤僑民事務，向歸鎮南浦分館管轄，因分館於六日晨知

悉其事時，鎮南浦方面亦有不穩風聲，除與當地商會
及日官廳商議緊急處置外，旋由徐隨領乘車直赴平壤。
詎料抵站時，驛長及道廳人員候接，據謂我國僑民業
經妥為收容，武裝警察、軍隊、消防隊等均已出動，
此後可以無虞。如對於僑民以及官廳有所囑事，當代
傳言，現在徒見，亦屬無益，況鎮南浦形勢亦甚緊急，
務請速回主持云云。徐隨領不得已允其所請，即時
乘車趕回鎮南浦，果已於下午二時左右，鮮人到處群
集武裝，警察隨時解散。各地僑民紛紛到領館避難。
至僻地農園商舖僑民，亦與警署交涉派警巡查護送前
來，然緩援者已遭毆打。六時許，全部收容竣事。及
七時許，暴徒愈聚愈眾，警察雖加鎮撫，究因人數太
少，顧此失彼，我僑農園及一部份商店，仍被投石搗
毀，搶掠放火。翌七日起，竟有襲擊領館之說。蓋有
平壤一部份兇徒來浦，從中助勢，情勢益為險惡。幸
六日晚臨時裝置電話，直向道廳交涉，加派軍警，故
得陸續應援，群情以安。雖財產上不免損失，然以收
容較早，未成慘劇。八日由徐隨領赴平壤視察慰問後，
又派定臨時調查員會同商會調查員，調查平壤鎮南浦
及其他地方損害。據查除回國未能查明者間接損失未
報者尚未記入外，共計平壤損失約在日金二百五十四
萬五千餘元，鎮南浦及其他地方損失約在日金十一萬
七千餘元。至平壤死傷人數，據道廳發表為死九十五
人。而我方調查則死一百零九人，傷一百六十三人，
生死不明者六十三人。鎮南浦傷十九人。榮寶於七月
十六日抵京城，以平壤受禍最為慘酷，當晚即赴平壤。

於十七日晨抵達，即分赴各處視察慰問。先到醫學講
習所內慰問收容之被難華僑。該所收容最多時達五千
餘人。除繼續回國者外，截至十七日收容尚有千餘
人。該收容所內有便所、洗浴所、病所、茅棚、廚
房等設備。當經與商會會長孟憲詩商定，由各團體
推舉代表，於午後赴旅館與榮寶談話。嗣又往道立
醫院探望負傷僑民，是日尚有百人留院療治，內中
大多數均將痊癒，可即出院。此外有一星期或十日亦
可見愈。一般病者，見榮寶到院探視，均甚欣喜。榮
寶慰問時，均稱已無痛苦，可即見痊等語。惟有王姓
因妻兒被難身死，嗚咽不已，情極可憫。嗣往長山墓
地予祭死亡僑民。該墓地計分五條，每條據道廳發表
葬二十人，每人一棺一穴，惟內有嬰孩二人，則合葬
一棺。最前一條較短，據稱共九十五人。嗣又往被毀
各商店巡視情形。至四時會晤中華商會代表孟憲詩、
王紫宸、張景賢、許維敏、中華料理同業公會代表王
澤國、中華農會代表劉文智等。據稱現在僑民婦孺有
數十人，願回中國，懇請設法，當經與官廳交涉備車
送回安東。至收容所僑民亦作出所之準備，由華商特
選定較大之僑商商店，四處分別收容。其餘僑民有仍
回菜園耕作者，有歸國者。無業之人，日方仍允供給
食物，約計十日，如到時尚不能謀生，則暫商由各處
華商商會接濟。榮寶並於在東京時，向華僑發起急賑
朝鮮被難僑民，業由大阪、神戶等處捐給國幣萬餘
元。現在各處尚在繼續籌募中，當即陸續滙至朝鮮。
同時日鮮團體等亦有寄贈慰問現金物品者，因係救濟

性質，均經收受分配矣。嗣經鎮南浦徐隨領呈報日警部長查明平壤華僑死一百零八名，漢川三名，勝湖里一名。

仁川：七月三日午前二時，有鮮人數十名在仁川外里地方，向華人理髮料理店等投石，打破玻璃及電燈泡等。及至天明，鮮人暴動風聲愈急，僑民紛紛向中國街避難。八時由仁川分事務所蔣主任到警署交涉制止，並一方報告總領事館。至晚八時，鮮人忽群集約有三千人，大舉暴動，全市頓形混亂，華僑男女均逃避，華商商店門窗被鮮人搗毀，警察不能制止。又由蔣主任與商會傅主席赴警署要求派警武裝出動。該署長以未奉道廳命令，未便照辦。後暴徒結隊復向中國街進攻，幸僑民共同協守，未能攻入，遂結隊退回，在沿途向華僑店舖飛石亂擊，並分頭搶掠。是夜僑民雖受傷多人，尚無死亡。華商較大商店，亦尚無十分損失云。天明暴徒雖散，而風聲仍緊。由仁川事務所電話總領事館，請向總督府要求加派武裝警察，同時又赴警署質問。午後張總領事到仁川視察，並往警署交涉，署長稱完全負責。迨張總領事返京，是晚九時許，據報鮮人復在外里地方鳴鑼聚眾，集成五千人左右，大舉暴動，手持木棒、鐵棍、刀、斧等，到處搜索擊毀。內外里方面所有華商商店，多被暴徒將門撞開，即以斧劈碎，割斷電話電線，搶掠撕毀貨物，拋棄街心。最後將布疋、綢緞，或繫樹幹，或繞電桿，警察無力保護。旋分事務所據報，急電張總領事，向總督府交涉，立派大隊軍警來仁援助。同時電知仁川

警署，切實保護全府華僑生命財產。至五日上午三時，京城武裝警察及憲兵十七名趕到，警察亦服武裝，見形勢不佳，鳴空槍二響，暴徒始退。至中國街警備森嚴，幸未衝入。查僑民被毆身死者，計連魁山、李俊吉二名。重傷者盧煥信、王有智二名，經送入醫院療治。一方急賃載貨汽車，將遠近僑民送中國街避難，計約一千五百人，另輕微傷者二十餘名。五日晚，暴徒在中國街四周聚眾數千，希圖攻入，幸警察以馬隊衝散。乃至府外放火，被焚者二處。查分所及商會曾收容約至三千六百僑民。六日起漸見平靜，僑民紛紛乘華商利通號輪船、日商共同丸歸國者，計達八千人。此次華僑直接損失，約在日金九萬左右，尚有間接損失，正在詳查中也。

京城：京城鮮人暴動，於七月三日午後十時左右發生。僑商處多有鮮人投石擊毀門窗玻璃等事。途遇華人，即施毆打。當由總領事館電話憲兵隊及各警署，切實取締保護。四日未明，京城府內外華商農工人等紛來領館，各處暴動，愈演愈烈，損害業已不少，張總領事屢經往總督府請速派武裝軍警保護，一方通知各領館分館，一方由中華商會及團體代表分訪各機關各報館，請其緩和華鮮人情感。並由總領事函請朝鮮政務總監，迅籌萬全保護辦法，並酌派武裝軍警。其時華僑來館避難者已達千餘人。五日晨，避難來館者絡繹不絕。是日星期，復由總領事館向總督府提出應急辦法四項。旋據電話覆稱，京城內外鄉僻靜處華僑，可由警署送至總領館暫避，各處警察已命充份戒

備。京城華僑較多區域，已飭就地切實保護。總領
館當即通知中華商會，派汽車分往龍山麻浦等載運
僑民來館，是日統計僑民避難人數已達二千數百人。
六日，張總領事往訪總督府警務局長，請通令各道，
加派武裝軍警取締制止。旋該局長來館答稱，已嚴
令各道警察警備。是日華僑到館避難約三千六百人左
右。七日，又由各警署派警護送僑民到館避難者，亦
有多起。截至是日前後，統計達三千六、七百人。
七、八、九日繼續由張總領事往總督府交涉，詰問各
地暴動尚在續發。據報僑民家產被毀者，有徐秀昇等
六十餘家。僑民被傷被毆者，有上諸吉等百四十人左
右。財物受損失者，有孫君集等二百四十餘人。京城
府內外僑民，其損失傷害之數，據前述報告，至為酷
烈。至確實數目，正在詳細調查中。
釜山：自七月四日午前，駐釜山領館，因聞仁川京城
發生鮮人暴動事，當日即與警署接洽防範，並於五、
六兩日要求警署道廳，電飭各郡警署竭力保護華僑。
七日，朝鮮政務總監經釜山赴京城，由陳領事與總監
面商嚴厲取締暴徒。總監答稱自應完全保護。至八
日，釜山風聲，亦甚緊張。各商店雖照常營業，惟市
面各處之華橋婦孺，均避難領館，數約六十餘人。是
日中華商會坡璃窗被暴徒擊毀二面。晚間，領館園內
亦有小石投入。至夜九時，鮮人集眾領館左側空道，
人數約三百餘，勢將進攻領館。時館外街口早已派警
駐守，斷絕交通，天雨而鮮人仍不分散。嗣由署長親
至領館指揮馬隊，向群眾驅逐。惟鮮人竟向馬隊投

石，該隊不支而退。情形緊急，遂致電憲兵，旋由憲兵到場，鮮人始散去，時已深夜。九日晨三時，市內牧之島吳服僑商劉振年、料理商孫振樹，被暴徒三十餘人，投石擊毀門窗，並將店內貨物，悉數拋至街心。僑民奔避日人住宅，經警捕獲暴徒八名，拘往警署，僑民由警護送領館避難。是晚停業僑商避難至領館者，約達一百六十餘人。十日晚，領館右側街道，鮮人續集眾六、七百人，旋經憲兵驅散。十一日，形勢較平穩，經領館與道廳切商保護辦法，並決定恢復華僑營業日期。旋由道府各廳答稱，已嚴飭各處竭力取締暴徒，並召集各民間代表，轉諭鮮民、務須安分。十二日，大致安穩。至避難領館商會及各商號華僑人數，男約三百二十餘人，女約六十餘人。至十五日晨，榮寶抵釜山視察，尚有少數人存留領館。開店營業者有四家，尚無事故發生，相約於次日如無問題，即全體開店，照常營業。至釜山以外所轄各境，據各方報告，除慶北大浦里華商元生東門窗貨物被毀外，其他各處祇擊碎玻璃。至華僑因毆致傷者計五人。直接重大損失，現正詳細調查。

元山：元山鮮人仇華暴動，係於七月四日夜發生。當事起之初，由楊副領事電請各道廳暨各郡警察認真保護華僑生命財產。一面通知僑民，至危急時，可將財產交託警察，迅投元山。至六、七等日，情形緊迫。元山市內外華僑，搬至領館避難者，驟達千人。截至十四日止，收容人數達二千三百餘人。查僑民因鮮人暴動受傷較重者計二十一人。此外有被凶徒追襲，阻

河無路赴水溺斃撈獲屍身者，元山川內里各一人，
傳說死亡可以證實者三人，尚未證實者十三人，失蹤
者十九人，此係元山之暴動經過情形也。

新義州：七月七日晚十時，鮮人暴動麕集五六百人，襲
擊真砂町華僑。幸各大商店事先得有消息，早已閉戶，
僅碎門窗坡璃，貨物未受損失。領館於事先經與道知事
及警署交涉預防。及至發生暴動，即電知警署，派多數
警察鎮壓，旋即散去。華僑均到領館。所有商會重要賬
據，亦運至領館。八日晨，謠言更甚，暴動蜂起，行路
華人受傷者頗多。朱領事因風聲緊急，即馳至道廳及警
署，協商借用汽車，將市外僑民運至安全地方。一時來
領館及商會避難者一千二百餘人，赴安東計三千五百餘
人。又以領館及商會房屋狹小，復將老弱婦稚，送往安
東，計六百餘人。安東縣政府商埠公安局總商會等，指
定戲園二家，電影院三家設立收容所五處，妥為安置。
是夜新義州領館及商會嚴重警備。僑民所遺商店空屋，
均有警察巡邏看守，商品家財尚無重大損失。次日調
查，受輕傷者十四人。此外，中之島於七日夜被暴徒擊
破華商商店門窗、玻璃、木板者四家，惟東生福商店損
失較重，約達百元。警官聞訊，出而彈壓，暴民又轉向
市外襲擊荒川組工人宿舍，破門闖入，將工人于福京胸
脇毆傷致死。尚有五六名受傷者。凶手被捕，連同其他
暴行者，共拘留四十六人。又有義州郡三成金礦會社工
人，被暴徒毆死一人。其他地方，如雲山、北鎮、大榆
洞、宣川、定州、南市、龜城、楊市、郭山、博川、寧
邊、義州等處華僑，亦有被毆傷及商店被襲擊者，惟情

節尚均不重也。查此次事變之發生，其直接原因，由於日本朝鮮各報，就萬寶山事件，捏造事實，擴大宣傳。對於朝鮮無知群眾，肆行煽惑。仁川事變，發生最早，即因京城朝鮮日報所發行之號外，謂萬寶山事件，中國人與朝鮮人衝突之結果，朝鮮人被殺者數百名（始則謂二百餘名，繼則以誤傳，誤謂至八百餘名）以致群情憤激，遂起暴動。我駐鮮各地領事，一經得訊，立即要求該地官吏派警彈壓，並要求加派武裝軍警出動。而其時朝鮮總督及政務總監正當新舊更迭之間，總督府絕無負責之人，再四要求，不肯及時下令武裝或派憲兵制止，以致各地辦法參差，號令不一，而平壤地方遂成亙古未聞之慘殺。日政府無論如何辯解，決不能辭其責任。而朝鮮總督及一般日本新聞，尚藉口於萬寶山事件、中國壓迫鮮農激成此舉，一似此次朝鮮暴動，其責任當由中國官吏負之者，其顛倒事實，實出情理之外。故欲研究此項事件責任之所在，第一，不可不精查萬寶山事件之真象。茲將在瀋所查萬寶山事件始末摘要臚陳如左：

（一）肇事之原因

華人郝永德組織稻田公司，租妥三姓堡蕭姓張姓之荒地五百晌，開種稻田。僱用朝鮮人為之工作，訂有契約，呈請長春縣政府批准。縣政府對以事尚可行，須將章程界圖呈請核奪後，方能照辦。又諭令僱用之韓人不得過二十人。乃郝永德認為已得官府允准，又轉租地於韓人沈連澤等九人耕種。招集韓人一百八十餘名，遽行開

工，挖溝引水，破壞民田，經過二十餘里，直至伊通河岸。人民起而反對之，阻止鮮人工作。日本領事田代派日警前往保護韓人。不令停止工作。我方亦派警前往，保護華人，此交涉之所由起也。

（二）交涉之經過

長春萬寶山人民，既起阻止韓僑挖溝引水。韓人恃有日警之勢力，不肯停工。當時由長春市政籌備處周處長玉柄，與日本田代領事，提交起涉。斯時駐遼寧日本林總領事來謁吉林張主席，報告此事。張主席斯時尚未接到吉林省政府關於此案之報告。乃與林總領事口頭約定，兩方先將警撤退，再行和平據理談判，林已允許，乃張主席命令我方將警撤退。而日本迄未撤退，且督飭韓人進行挖溝益急。經周處長玉柄據理交涉，口頭書面往返辯論，始終無效。

（三）日本方面之現狀

現在韓人挖溝引水已竟工，引水入田。日警在馬家哨口，佔住民房兩所、架設軍用帳房三十九架，上懸日本國旗，並架設機關槍四架，又派馬警三人來往巡查搜索。在馬家哨口附近四、五里內，不准華人行走。萬寶山附近之現狀，已似入於日本佔領地帶內之狀態。

（四）中國方面之現狀

萬寶山華人曾經一度聚眾，為之填平所挖水溝。經日警開槍射擊，幸無傷亡。又經我方警察勸止，靜候交涉，華人已盡散去。斯時吉林張主席已由北平返遼寧。林總領事亦由東京返遼寧。相晤後，林願將此案詳細研究，再進行交涉。張主席乃電調交涉特派員鍾毓來遼，林亦

電請吉林石射領事來遼，使鍾與石射當交涉之責任。現
在鍾與石射，均返吉林，約在吉林或哈爾濱談判此案。
但石射前曾自願調停此事，曾提出四個條件：一、賠償
韓人損失。二、支給韓人本年生活費。三、許可韓人在
長春自由居住。四、省政府認可明年使韓人重稻。但此
四條已經省政府表示不能接受矣。林總領事亦曾聲明前
此所提出之條件，均作罷論。

照以上所陳，所謂萬寶山事件者，祇有鮮人以日本勢力
為後盾，壓迫華人之事實，絕無中國官吏何等壓迫鮮農
之舉動。所有日韓各報紙種種宣傳，全屬有意簧鼓，聳
動聽聞。此不惟中國方面眾口一詞，即日本官憲，亦未
嘗不知其全非事實。如平壤道廳對於朝鮮人之公告，均
聲明此種新聞，多係無根之談。然則謂朝鮮事變與萬寶
山事件有原因結果之關係者，其為無理，不辯自明。此
項交涉之關鍵，日方主張一切由彼按照國內辦法辦理，
檢舉也，預審也，防止再發也，救濟也，一切自行發
動，自行辦理。而我方則主張用國際交涉，道歉也，
懲兇也，保障將來也，賠償損害也，一切皆須雙方同
意行之。此中紛歧之點，全在責任問題。責任問題明
瞭，以上各節，自可迎刃而解。照現在調查各節，此
項責任，完全屬於彼方，而我方絕對無絲毫責任之可
言。所有一切交涉辦法，自有國際通例，早在大部洞
鑒之中。應請根據既定方針，切實進行，以期必勝。
至榮寶身膺使任，有保護僑民及增進彼此親善關係之
責。茲於我國領土以內，發生此種巨變，竟致多數僑
胞無辜慘死，不能弭患事先，更使將來彼我關係益生

隔閡，有違素志，抱疚無已。應呈請國民政府准予開
缺，以明責任云，曷勝感幸之至。謹呈外交部。

駐日本公使汪榮寶

第十節　中國向日本提出抗議

一　中國駐日使館與日政府交涉經過

駐日本汪榮寶公使致外交部電

民國廿年七月七日

南京外交部：六日電計達，同日電悉。連日為此事與日政府迭次接洽。昨據拓務省接鮮地報告，警察盡力彈壓，負傷甚重，現警備漸增，當可平靜。又據外務省稱，總督雖未到任，仍有負責代理人，決不諉卸等語。特覆。再盼費至急，乞速電滙。榮，七日。

駐日本汪榮寶公使致外交部電

民國廿年七月八日

南京外交部：七日電悉。頃晤幣原，傳達尊旨，彼表示十分歉忱，謂在今日日本領域內發生此種事件，真堪痛心，政府得信，即嚴命鎮壓，刻已平靜，務請寬懷。至保留交涉問題，彼微露應有相當恤金，惟不必牽及法律論，轉生爭執等語。查連日輿論，頗以此次事件為幣原軟弱外交之反動，攻擊甚力。頃晤東京較大報館記者詳細開導，不可再肆挑撥，彼等亦似感悟，惟望中國不至因此更生排日風潮等語。餘續聞。榮，八日。

二 外交部與駐華日本代辦交涉經過

致駐華日本代辦照會

民國二十年七月七日發

為照會事，迭據駐朝鮮總領事館，元山副領事館等來
電，鮮人仇視華僑，日來群起暴動，仁川情形尤重，京
城畿城僑商農工受輕重傷及被損害，不止百家，平壤新
舊市街華商商家全被損失，死傷甚眾，請為交涉保護各
等情。查鮮人仇視華僑，聚眾暴動，致中國僑民之生
命財產，自本月三日以來，迭遭危害，情形極為嚴重，
貴國官憲事前未能設法制止，事後亦未切實保護，本
國政府深為遺憾，除保留中國僑民此次所受損失，俟
將來查明後，再行提出交涉外，相應照請貴代辦查照，
即希迅電。貴國政府，嚴飭切實制止此種非法舉動，予
以適當處置，並見復為荷。須至照會者。

日本駐華重光代辦致外交部照會（譯文）

民國廿年七年十一日

為照復事，准本月七日照稱，此次在朝鮮勃發之鮮人，
對於華僑暴動事件，日本官憲事前既未制止，事後又不
講求切實保護華僑之措置，中國政府深為遺憾，並請迅
電日本國政府，切實制止此種暴動，予以適當處置各等
因，業已閱悉。

來照所稱各節，業經迅速轉達本國政府，即希諒查為
盼。惟查此次鮮人暴動事件，與遼寧中國地方官壓迫萬
寶山鮮人農場問題有關，認為此事係因該問題感情受有
刺激之一部份鮮人所惹起，惟朝鮮總督府，當時曾經在

該管各地方嚴重警戒，努力防止，不幸平壤及其他二、三地方仍有此不祥事件之發生。再此事發生後，朝鮮總督府，亦經竭盡全力，以圖形勢之安定，對於被害華僑，固不待言，即對於一般華僑之生命財產之保護，始終講求最善之措置，情形幸得漸歸平靖。相應先行照復，即希查照為荷。須至照會者。

日本駐華代辦致外交部照會（譯文）

民國二十年七月十三日

為照會事，准本月七日照稱，關於此次在朝鮮勃發之鮮人對於華僑暴動事件，日本官憲事前未能設法制止，事後亦未切實保護，本國政府深為遺憾，除保留中國僑民此次所受損失俟將來查明後再行提出交涉外，請速電日本國政府，切實制止此種非法舉動，予以適當處置等因，業經本代辦於七月十一日以來照所稱各節，已迅速轉達本國政府，惟查此次不祥事件，係因萬寶山問題受有刺激之一部份鮮人在平壤及其他二、三地方所惹起，朝鮮總督府曾經嚴重警戒，不幸發生。再此事發生後。朝鮮總督府亦經竭盡全力以圖形勢之安定，對於被害華僑，自不待言，即對於一般華僑之身體財產之保護，講求最善之處置，情形幸得漸歸平靖等語照復在案。本代辦茲根據本國政府訓令，再行答復如下，不勝榮幸。

一、此次因朝鮮發生事件，華僑中有不少犧牲者，不問該事件之動機若何，日本政府深引為歉。朝鮮總督府官憲，曾經以全力預防，鎮壓暴動，並保護華僑，其結果現在朝鮮各處情形已完全歸於平靖，避難華僑，亦已漸

次復業，日本政府竊所安心。

二、對於華僑被害情形，似有甚為誇張之報告：惟據朝鮮總督府公報，平壤及其他之被害地方，即以正在醫治中死去者合計，死者共有一百名，傷者一百二十名。日本政府自當按照國法，嚴正處罰加害者及其他之暴行者，自不待言，對於被害者深表同情，不拘法理及慣例，當迅籌救恤之道，業經著手進行。

三、朝鮮總督府，因朝鮮各處為萬寶山問題，人心有浮動之勢，鑑於曩昔昭和二年在滿洲鮮人受中國地方官種種壓迫，朝鮮各地因起騷擾之事實，當初即重視此項問題之進行，曾經電請外交當局，迅速解決，同時迭經通飭該管各道官廳，嚴重警戒。及京城及仁州等處中鮮人民發生衝突時，經即特別警備，曾加派警官二百二十名赴京畿道，遇有必要，令其武裝極力彈壓。又對於平壤曾急派應援警官一百五十名，以武裝警官三百五十名充警備及彈壓暴動之用，並由駐紮該處之聯隊，抽調將校以下五十一名，以補助憲兵，曾為種種警備，以期萬全。朝鮮總督府，對於傷者，曾經加以應急治療，對於避難華人，一一收容於警署或其他之安全場所，竭力保護。其間京城警官派出所，為鮮人群眾所破壞，仁川警官三十五名受傷。平壤警官不得已開槍，解散鮮人群眾，鮮人一名，因之擊斃，警官亦有三十五名受傷。徵之此種事實，日本官憲如何傾全力以取締朝鮮暴徒及努力救護華僑各節，已足證明，故以為日本官憲事前及事後於取締及保護之處置，有所間然一節，殊非事實，深信國民政府當可諒解。

四、國民政府夙念兩國國交之大局，在中國內地嚴重
取締華人，不使有不穩行動，此種用心，日本政府完
全同意。為防止再有此類事件發生計，日本政府今後
當用最善之努力，自不待言，惟鑑於中國各處近來迭
有誇張挑撥之新聞紀載及宣傳，尤希望國民政府設法
切實取締及戒備，不勝盼望。相應照復貴部長查照為
荷，須至照會者。

昭和六年（民國二十年）七月十三日

外交部致日本駐華代辦照會

民國廿年七月十六日

為照會事，迭准外字第三六號三七號照會，本部長業已
閱悉。查萬寶山案，並非中國地方官廳壓迫鮮農，此節
當另備文奉達；乃日鮮各報對於該案故意捏造事實，張
大其詞，朝鮮報紙且發行號外專刊，肆意鼓動，致激起
鮮人仇殺華僑之暴動，雖經駐在朝鮮之本國領事，屢求
切實防範，而地方官廳對於事前之煽動，毫無適當之措
置，迨仇殺事起後，復繼續數日，不立即盡力鎮壓，致
暴動蔓延全鮮，使僑鮮華人生命財產，頓呈無保護之狀
態。死傷損害數頗巨，該地方官廳之措置不善，無可諱
飾，而來照乃謂朝鮮總督府自始認為重大，通令嚴重警
戒，迨京城、仁川等處衝突發生，即行特別警戒，取萬
全之措置，本國政府實難承認。現已電令本國駐東京公
使汪榮寶馳赴朝鮮實地調查，除俟查明真相，死傷損害
詳細數目報告到部，再行提出交涉外，目下此項暴動雖
漸告平息，而各該地華僑狀況尚未恢復，地方負責官吏

尤應特加注意，以資保障，相應照請查照，並希轉達貴
國政府為荷，須至照會者。

日本駐華代辦致外交部照會 (譯文)

民國廿年八月四日

為照會事，關於朝鮮事件，接准七月十六日貴部答復本
使七月十一日及十三日來照內開，萬寶山案並非中國地
方官廳壓迫鮮農，乃日鮮各報對於該案故意捏造事實，
張大其詞，肆意煽動，致激起鮮人仇殺華僑，雖經駐在
朝鮮之民國總領事屢求切實防範，而地方官廳對於事前
之煽動無適當之措置，事起後亦不立即盡力鎮壓，致暴
動蔓延全鮮，使僑鮮華人生命財產頓成無保護之狀態，
而謂朝鮮總督府事前及事後均取萬全措置，國民政府實
難承認，俟赴朝鮮實地調查之汪公使查明真相，死傷損
害詳細數目報告到部再行提出交涉外，現在朝鮮華僑狀
況尚未恢復，地方負責官吏尤應特加注意，以資保護，
請轉達政府各等因，業已閱悉，當將來意轉達帝國政
府，茲奉帝國政府訓令，就本案答復貴部長如下：
一、朝鮮案之直接動機在乎萬寶山案，無議論之餘地，
貴部長既論斷中國官廳於該案並無壓迫鮮農之事實，自
足表明其無壓迫鮮農之意思，然事實之否定與實情相違
背。關於萬寶山案，當另行詳細陳述。當昭和二年（民
國十六年）宣傳民國官憲壓迫鮮人問題時，朝鮮境內曾
發生與此次同性質之案。再去年間島案及敦化案發生
時，朝鮮境內亦有動搖之事實，足證鮮人一對於在滿同
胞之境遇，感觸甚敏，故朝鮮總督府於七月初，見鮮內

有不穩之狀況，立即訓令報紙發行地所轄官廳，凡有刺戟民心或誇大及煽動之記事，關於想像者固不待論，即本諸事實者亦一律禁止登載。該府無非鑒於向來之經驗，憂慮情勢之歸趨，為防止不祥事件於未然，及早加以警戒。鮮人與華人衝突之結果，惟平壤及少數都邑不幸華人致有死傷，其他地方多數未見何等事故發生，即有發生者，亦均未釀成大事而止。朝鮮總督府當局，其間對於保護華僑如何盡其最善，已在七月十三日帝國政府之復文詳述，乃貴部長來照中有帝國官憲事前事後措置失宜，致暴動蔓延全鮮，使華人之生命財產均呈無保之狀態等語，可謂與事實甚不相符，帝國政府希望民國官民此時切勿輕信在鮮通信員或一部份避難民之無責任報告或宣傳，務期慎重公平判斷事實。

二、按照普通有維持治安狀態國家間之通則，一國之個人對於外國人之身體或財產加以損害，該國家如已照當時之事情，對於加害行為預防鎮壓或為處罰而採取通常應講之處置，則對之不負責任。又對於因暴動而致之外國人之損害，若就損害預防及加害者之處罰已加相當之注意，該國家在原則上不負責任。此理想為國民政府所深知，再從來帝國臣民與鮮人在民國境內不能受當然之保護，甚至因中國官廳之行為而蒙身體及財產上不法之侵害者，實例甚多，其大多數尚未受賠償之事實，想亦為國民政府之所充分認識者也。帝國政府對於因此次事件而犧牲之華人，深表同情，不拘於上述之法理及實例，專從人道上之見地分別講救恤之途，此則帝政府對於本案之公正態度，民國方面當亦能深信不疑。

三、朝鮮內之事態，早歸平靜，各關係地方之民心，亦
已全復。現在關於華人生命財產之安全，雖已無可憂慮
之處，然地方官廳今後對於華僑之保護，仍當盡最善之
責，固不待言。國民政府對本案案自始即表明防止事態
擴大之方針，帝國政府深以為然，然最近觀民國各地之
狀況，中國各地之報紙今猶恣意揭載煽動之記事，不知
底止，甚至有傳播帝國政府擬於與民國現下之政情，作
何等之策動等荒唐無稽之浮說者。而排斥日貨運動，確
聞由上海有力實業家所組織之私的團體為其中心，是等
團體為抵制日貨，不但出實力干涉之行動，其決定之所
謂辦法中包含有對個人之罰則，如此私的團體之組織行
動，實足認為否認民國之國權及違反國民政府之意思，
而國民政府對之似乎事實上不能行適切有效之取締，在
此事態之下，帝國政府不得不求國民政府之深切考慮。
相應照復貴部長查照為荷，須至照會者。
昭和六年八月四日。

外交部致日本駐華公使照會

民國廿年八月廿二日

為照會事，關於鮮人暴動案，本月十日准八月四日外字
第四九號來照業經閱悉。此案已據汪公使暨各該領館報
告到部，正擬備文奉達。准照前因，茲分別詳述並答復
如下：

一、查此次事變之起，有無其他內幕，姑勿具論。惟就
表現之事實徵之，當以日鮮報紙顛倒黑白之宣傳，尤以
朝鮮日報七月二、三兩日發行之號外，為激動鮮人暴動

之導火線。朝鮮總督府既有民國十年（昭和二年）鮮民
暴動之經驗，並知鮮人一般之敏感，何以在七月三日以
前對於新聞言論及鮮人行動，未聞有任何取締之表示。
七月二日之晚，仁川暴動已起，警察不加制止，本國駐
在該處總領事館員，立即要求武裝彈壓，而警署以無道
廳命令，不允照辦。騷擾經兩日夜之久。至五日晨，京
城武裝警察及憲兵始至，當地警察不服武裝，暴動遂漸
告平息。京城為朝鮮首都，總督所駐之地，七月三日，
張領事接仁州急報，即訪外事課長（因彼時各高級官長
均不在），嚴請加派憲警，切實保護，取締制止。惟至
該晚十時，暴動即起，終夜未息。四日，張總領事復訪
外事課長，詰以昨日面允各節，何未照辦，鎮壓暴動，
非用武裝軍警不可。該課長又答以武裝彈壓恐尚未至時
機，雖經該總領事及華商代表等之懇請，該課長終不允
辦。及五日，張總領事向總督府提出辦法四項：（一）
仁川加派武裝應援隊。（二）京城偏僻處所之華僑，由
各警署護送至領事館收容。（三）華僑眾多之處，速派
武裝軍警保護。（四）外道速令武裝警戒。六日，張總
領事見新任池田警務局長，詰以能否負責保護。該局長
稱，本人到任後，即於昨晚嚴令各道保護，惟對於武裝
制止，仍稱須考慮研究。平壤方面，則事變起於五日午
後之七時，事前已由駐鎮南浦徐副領事電告平南道廳及
平壤警察署長，切託保護。平壤警察署長亦請華僑開會
代表赴署，告以本地倘有暴動發生，本署必切實保護，
遇有鮮人尋釁，望特別容讓，並從早閉門，一切請安心
云云。乃是晚暴動異常兇烈，各處警察不佩武裝，徒手

制止，虛作聲勢。六日，徐副領事聞訊赴平壤，行抵車
站時，驛長及道廳人員阻往查看，故數日內慘殺情況，
領館無從目覩。此外，元山、釜山、新義州等處，均有
暴動。光州、海州、群山、木浦等等，先後騷擾，幾遍
各道，尚難縷述。此項大規模之團體暴動，華人處處容
讓，毫無抵抗，豈可以華鮮人衝突輕輕略過。據上述情
事觀之，來照所謂朝鮮總督府於七月初即令禁報紙登載
刺激誇大及煽動記事，並為防止未然及早加以警戒云
云，殊非確鑿。且據池田警務局長之自述，即可知七月
五日以前，朝鮮總督府並無若何取締暴動之措置，故平
壤暴動發生在仁川京城之數日後而仍一無準備也。若以
此次慘殺之結果，全鮮各都邑未如平壤受禍之酷，認為
朝鮮總督府當局對於保護華僑已盡最善之措置者，本國
政府無論如何慎重公平判斷，不能知其理由之所在。

二、關於國家對於由人民暴動而致之外國人之損害，應
否負責問題，本國政府深知貴國為有充分維持治安狀態
之國家，而朝鮮總督府採憲兵警察合作制度，組織非常
完備。平時對於新聞言論之取締及鮮民群眾行動之制
裁，尤具有絕對無上之權威。苟能預防鎮壓，採通常可
講之處置，或加以相當之注意，何至有此次慘案之發
生。無如據各方之翔實報告，該總督府對於新聞之一再
刊發煽動無根之號外，不加禁阻，對於鮮民之糾眾叫
囂，毫不制止。雖經駐在領事及商民之再四請求，仍不
為適切有效之處置，及慘禍擴大以後，始有武裝警察到
場彈壓，而華人已受莫大之犧牲矣。按照國際公法，國

家對於領土內外僑之生命財產，有充分保護之義務。怠
於此項義務，致外僑蒙受損害者，即應負國際責任。徵
諸以上所舉，該總督府及各該官廳之態度及行為，於本
案事前事後均未能盡其應盡之責任。又來照所謂一國之
個人云云。查此次鮮人暴動，集聚至數千人，蔓延幾及
全鮮，整列隊伍，手持刀斧棍棒，割斷電線，縱火焚
燒，指揮均用警笛，專對華人行兇逞暴。似此有組織有
計劃之團體行動，尚得視之為個人之加害乎？故就國際
通則以言，貴國政府對於本案應負完全責任，實無疑
義。至言日鮮人民在中國地方蒙受損害案件，尚多未得
賠償，此或因各案之性質或狀況使然，惟未承指明何
案，無從詳說。然際此欲喚起貴國方面之注意者，即中
國人民依日本官憲軍隊或人民之行為，而蒙身體上及財
產上之侵害多年未經結案者，如長沙六一案，歐戰期內
山東入民損失案，東京地震時慘殺案，濟南五三損失
案，民國十六年朝鮮暴動等案。正不遑悉數也。本國政
府深望貴國政府，對於本案始終保持公正之態度，不徒
限於救恤之一途耳。

三、來照謂朝鮮內之事態，早歸平靜，各關係地方之民
心亦已全復。華人生命之安全已無可憂慮之處。然據最
近各領館報告，鎮南浦、平壤、長淵、鳥致院等處，仍
時有不穩之狀。即他處華商之復業者，亦不能照常營
業，尚望切實注意。至本國政府對於本案，始終採取防
止事態擴大之方針，幸已為貴國政府所諒解，迄今毫無
變更。近察各地報紙所載，無非記錄本案之經過，及表

同情於被害僑胞，並無若何煽動之言論。至於無稽之浮說，雖不免有時傳播，苟有事實之證明，自能日趨於消滅。若買賣交易，純出人民自由意思，政府亦只能防免其越軌行動而止。中國人民對於僑胞之慘遭屠殺，意志激昂，固為自然之趨勢。如本案能得圓滿之解決，則此項趨勢亦自然終止。要之，此次事變之發生，初由於日鮮報紙之煽惑，群眾之妄動，繼由於地方官廳不肯用其固有職權防範未然，臨機鎮壓，一再疏縱，以致釀成亘古未聞之慘殺，貴國政府決不能辭其責任。據各該地被害報告，截至現在止，計死亡者一百二十一人（比來文所開多二人），失踪者七十七人，負傷者三百人（比來文所開多百餘人），財產上之損害達日金數百萬元。本國政府為謀本案之解決起見，茲提出左列之要求：

一、正式道歉。本京由駐華貴國公使向本部行之。朝鮮方面，由朝鮮總督府向本國駐在總領事行之。

二、各地負責官吏，立即予以相當之處分。

三、煽動及加害之暴徒，依法嚴加緝捕懲罰。

四、對於各該地華僑生命被害者給予賠償，失踪者詳查之後，與生命被害者一體賠償。

五、負傷者視其傷勢輕重分別賠償。

六、財產上之損害，雙方會查之後照給賠償。

七、因此案歸國僑民，將來回鮮時應給予特別便利。

八、對於預防將來發生不祥事故，須予以切實之保障。

相應照請貴公使查照轉達貴國政府，並希見復為荷。須至照會者

三 駐朝鮮總領事館呈文

民國二十年八月六日

駐日汪公使報告

三日下午二時與楊代理外事課長談話

張總領事：今日上午，仁川京城朝鮮人毆打華僑，擊破店面情事，已於十時囑魏副領事通飭各道當局注意保護。現各報登載萬寶山事件，言多失實，跡近煽動排華風潮，希即取締，以免妨礙邦交。且仁川風氣甚緊，有下午三時大暴動之說。請即加派警察憲兵全上武裝趕至仁川救護，並由總督府通令各道當局武裝保護取締制止。

楊代理課長：各報記載，自當取締：惟貴國東北當局壓迫韓僑引起鮮人惡感，如最近萬寶山事件，貴國官吏亦有不合之處（當時敘述不合之處從略），為興奮鮮人惡感之近因，請貴總領事轉達貴國僑民，忍耐避免衝突，並呈貴國政府，速解決萬寶山事件。

張總領事：本國東北當局並未壓迫韓僑，萬寶山事件真相，並不如此，且應在本國解決，不能與此次風潮并為一事，至轉達僑民一節，可照辦，但至緊急不得已時，或有損害時，法律有明文保障，故所請忍耐避免衝突，應有限度，請注意。本人所請各節，希即照辦。

楊代理課長：當即照辦。

四日上午十時與楊代理外事課長談話

張總領事：昨日下午，本總領事面請各節，想貴代課長已經辦理。何以昨晚仁川京城等處，仍有排華情事？請

速令加派武裝援隊赴仁川鎮壓，並通令各道軍警，對於
華僑居住地帶，全上武裝，嚴密防範。

楊代理課長：加派應援隊赴仁川一節，當即商請主管
機關辦理，至通令武裝一節，恐尚未至時機，且受法
令限制。

張總領事：前次鮮人暴動，在我民國十六年，貴國昭和
二年，據聞曾以武裝軍警彈壓，方能鎮定。此次事變，
情態嚴重，似係有組織之暴動，何以謂未至時機？旅
鮮華僑生命財產，悉賴貴國保護，如藉詞推諉，保護
不力，以致發生損害，貴國應負責任，請注意。

楊代理課長：武裝問題，當商請主管官吏酌定，此次
因感情關係，全用壓力，恐亦不妥，當用最妥善方法
保護，時京城商會宮主席北邦會館周理事，先後聲請
非用武裝軍警，不能鎮定，措辭更為嚴厲，結果楊代
課長未肯全允。

五日提出應急辦法四條

一、仁川速再派武裝應援隊。

二、 京城府內外偏僻處華僑，由各警署護送領事館，
　　　暫時收容。

三、又凡華僑眾多之處，速派武裝軍警切實保護。

四、外道速令武裝警戒。

六日晨與池田警務局長談話

（時楊代理外事課長在側）

張總領事：此次鮮人暴動，三日上午，即警告保護，

嗣後迭請保護，何以任其如此蔓延，如此殘酷？（歷
敘報載仁川、平壤被害情形）貴局長是否能負責保護
在鮮全體華僑？

池田警務局長：此次事變，非常遺憾，本人到任後，
即於昨晚嚴令各道保護，諒三日內可鎮定，請安心。

張總領事：暴動未發生時，即請代理外事課長通飭武裝
警戒，未蒙完全照辦，以致發生仁川大暴動，平壤大慘
案。除已聲明保留損害賠償等交涉權利外，請通令各道
即速加派武裝軍警取締制止。

池田警務局長：武裝係受法律限制，須待考慮研究。

張總領事：民國十六年（即貴國昭和二年）暴動，及鮮
人萬歲運動，均曾上武裝，今情勢嚴重倍蓰於前次暴
動，何以尚須考慮研究？

池田警務局長：仁川平壤已上武裝，本人當採納貴總領
事意見，令即摘要酌量辦事，總以最妥方法於最短亂內
鎮定。

七日上午與池田警務局長談話
（時楊代理外事課長在側）

張總領事：昨日兩次見面，貴局長均囑轉知僑民安心，
不料暴動範圍愈大，情形愈酷，僑民對於領事館勸其鎮
靜，已不能相信，請注意貴局長到任後又發生平壤、群
山等處暴動，僑民非常懷疑，以為貴國當局有放任縱容
之嫌，請明白答復。

池田警務局長：本人極抱遺憾。平壤軍警上武裝時期
稍晚，尤為遺憾。兩國邦交，素甚親善，所謂放任縱容，

決無其事。

張總領事：本國僑民生命財產，貴國須負保護之責。今如此情形，無怪僑民憤激，貴局長究竟能否負切實保護之責，並保證安全？否則亦請明白答復，以便另定相當辦法。

池田警務局長：當然切實保護，以後不至再有不祥事件。

八日上午與今井田政務總監談話

（時穗積外事課長在側）

張總領事：此次鮮人暴動，事前曾請取締保護，不料三日起仁川、京城均起暴動，五日晚平壤發生大慘案。該處有道廳、府廳及軍警，何以放任至此，迭經口頭書面交涉，諒閣下早已知悉，且屢請武裝保護，未蒙完全照辦，本國僑民認為此係有計劃的暴動，且貴府當局有借端驅逐華僑之意。

今井田政務總監：總督總監交迭之際，發生此不祥事件，至為抱歉。昨晚匆匆到任，即協議善後策，至深夜始散。本人到任伊始，決計最善努力，使不再發生不祥事件。惟加派武裝軍警，事關重大，且屬內政問題。總而言之，本人盡最善之努力，務使貴國人早獲安全，從速恢復原狀，俾各回原住地，請為轉達安心。至借端驅逐及計劃的暴動云云，本人到任即行調查，確係突發，並非計劃的，驅逐一層，尤屬訛傳，本府始終無此意思。

張總領事：如閣下所云問題及所採之方法，而致損害本

國僑民之結果，貴府當然應負責任，請特別注意。

今井田總監：領首承意，並云請安心。

張總領事提出三項辦法如下：

一、此次鮮人暴動，華僑所蒙死傷損害保留交涉權利。

二、各道加派武裝軍警，預防制止，切實保護。

三、平壤當局坐視暴動，戕殺華僑至二百數十人之多，重輕傷者不計其數，財產等於全滅，不得不認為係當局無責任心所致，全體華僑憤激已極，應請注意處置。

今井田政務總監：平壤地方官無責任心致釀巨大慘案一層，本人自當善處。現正著著設法收容傷者及救護難民。貴總領事如有意見，請即便通知本人，盡量辦理。

九日上午與穗積外事課長談話

張總領事：據元山副領事報稱，管內有華工六、七百名，警察署擬送至領館收容。現領館人滿為患，請通令各處採就地保護主義，不得藉詞驅逐。

穗積外事課長：允照辦。

張總領事：此次暴動，僑民因之停業，損失頗鉅。貴府應速保證安全恢復原狀，不能長此延期。

穗積外事課長：本人極表同情，但恐貴國僑民回去後，又有細故，所以暫緩，當盡力使之鎮定，府內日內即布置完竣，此外稍遲二、三日立可安定。

張總領事：事已至此，今後本國僑民各回原地，須責成各街長負責保護，解除誤會。

穗積外事課長：此事頗難期實效，容轉達警務局長妥為

佈置保護。

張總領事：此係下層工作，欲謀安全，兼除誤會，務須
設法辦到。

穗積外事課長：轉達道廳府廳辦理。

十一日上午與穗積外事課長談話

穗積外事課長：上次貴總領事所述一切，業經盡力辦
理，現府內已安靜，請轉知僑民解除誤會，回復原狀，
府外各處數日內完全安定。

張總領事：本人意見，以為僑民誤會，並非無因，如最
近各處取締中華勞働者，須有許可，方能居住，迹近驅
遂，亦為一因，本人屢將貴府各方面言詞，轉達僑民，
而與事實不符，已失信用，希望將引起誤會之種種事
實，立即停止施行，方足以昭大信。

穗積外事課長：當接受貴總領事希望，盡力辦理。

四　日本拒絕組織共同調查委員會

駐日本汪榮寶公使漢城致外交部電

民國廿年七月十六日

南京外交部：極密。十三日電計達。昨巡視釜山，頃
抵漢城。綜合各處情形，以平壤被害最重。宜乘此時，
證據顯然，要求日人組織共同調查委員會實地調查，
以作交涉基礎。尊意如何，請速電示。江代辦向外務
省提議，一方面榮直接與宇垣總督面商，如彼方同意，
再與張總領事商酌就日韓各領館員內遴員指派，以期
迅速。此間總領事館，異常窘迫，電滙另款日金二千

圓應急。統乞電復。榮，十六日。

駐日本公使館館員洪杰呈函

民國廿年七月廿八日

公使鈞鑒：前奉鈞電，囑向日方提議組織中日共同調查
委員會，調查鮮案等因。遵即向外務省提議。據谷局長
面稱，鮮事現已漸歸平靜，並經鈞座親自調查。此時兩
方如再派員共同調查，深恐刺激民心，興奮國論，歉難
同意等語。經反覆解說，彼仍堅持。旋命事務官井上益
太郎來館，手交節略一件。茲特鈔呈鈞閱，伏乞鑒察示
遵，無任感禱，敬請鈞安。附鈔件。

洪杰　謹上　七月二十八日

節略　譯文

汪公使所提關於朝鮮事件與帝國政府磋商組織中日共同
委員會確實調查中國人所受損失一節，帝國政府前接貴
方照會稱國民政府特派汪公使赴鮮，實地調查此次事件
之被害情形，希予相當便利，當時立即行文朝鮮總督
府，令其於此項調查供給可能之便利。現汪公使業已調
查無阻，深信國民政府特派汪公使之目的已達矣。一面
中日兩國政府，始終本防止事態擴大之方針，銳意努
力。朝鮮總督府於詳密調查後，即辦理懲罰加害人，救
濟被害人等善後措置。現該地方民心亦歸安靜，避難華
人亦陸續復業。此際中日雙方，如再派委員共同調查，
深恐刺激已鎮靜之該地兩國人心，並引起無謂之兩國爭
論，反致誘起與上述兩國政府一致之方針相背之不良結

果。汪公使之意嚮所在，固不難了解，惟帝國政府認此
際無組織此項共同委員會之必要，並顧及上述各情，認
如此辦法亦不適時宜也。

第十一節　華僑所受之損害

一　旅鮮僑民受害情形

駐朝鮮張維城總領事致外交部電

民國廿年七月二十日

為呈送事，竊查此次鮮人大暴動，慘殺僑胞數百人，焚毀家屋，掠奪財物，損害之鉅，以平壤為最。業經電呈在案。嗣奉鈞電開鮮人暴動如已平息，應即著手調查，並搜集材料報部，以備交涉等因。奉此，查平壤方面，業派本館主事李仲剛，會同中國國民黨駐鮮支部執行委員鄭維芬、畢翰序等，前往調查。茲由李主事將調查所得編成報告。理合備文呈請鈞長察核備案，並乞酌量公布，不勝公感。謹呈外交部、次長。

附件報告一份、照片二幀。

駐朝鮮總領事　張維城

慰問平壤被難僑胞及調查鮮人暴動情形報告

仲剛等於本月八日，晚首途赴平壤。翌朝抵平壤車站，即有日本道廳人員森山，及警員森尾與東亞日報記者金性業，在站中包圍。數步之外，又有朝鮮人民各團體代表十六、七人。彼此招呼之後，即步行出站。我等本想自雇汽車，直赴華僑避難所內慰問被害僑胞，詢問被害詳情。乃該廳人員強拉我等乘被所預備之汽車，護送至平壤飯店，邀入一極深邃室中。寒暄之後，森山復出種種危言恫嚇，並落淚（假哭）表示愛護華僑之意，並語我等不可自由行動，以免遭意外暴徒之襲擊。後經仲剛

等嚴詞詰責，並云我等未來之前，業向貴國總督府外事
課長及警務局長問明此地真象，均稱此地業已平靜無
事，可以前往，故我等始奉上官命令前來。此行使命不
過安慰僑胞，及視察被害狀況而已，毫無其他作用。來
時已抱犧牲性命之決心，尤希望暴徒速來橫擊，以成全
我等殺身之仁。總之，無論如何，非先赴華僑收容所，
安慰探問不可，森山理屈無以對，遂託詞回道廳請示道
知事，然後同往。一時後乃有平安南道知事官房主事柳
本前來。據稱此次貴國在留諸君，無故受此災害，非常
遺憾。但事後收容等事，均由道廳及府廳並日鮮民眾之
同情救濟，現在已平安無事云云。仲剛等即云：「打一
巴掌給兩棗吃」之事，不必多談。所欲知者，即我僑胞
之現狀，究竟何如也。彼謂在平壤全體華僑五千二百餘
人，均已收容於醫學講習所內，甚覺安全。吾等（日人
自稱）連日不眠不休，以盡保護之責。仲剛又云吾等係
慰問而來，非為調查及談判而來，請勿多說，速使我見
我被難僑胞。彼遂不得不允，復使稍候片時，容上官許
可，方准相見。我等又令其頻打電話，彼時適有東亞日
報記者來訪。據云此次不祥事件，並非朝鮮人意思，更
非平壤鮮人所為。據彼親見行兇之人，均係由某國人自
他處雇來，專為作此事者。據彼調查，所有華僑五百餘
家無一幸免者，均被暴徒搗毀搶掠一空。被棍棒、短
刀等打殺而死者，男子計七十一名，女子十二名，共
八十三人。負重傷者男子六十四名，女子九名。負輕傷
者，男子三十三名，女子六名。財產掃數損失等語，談
至此，日人打電話回來，該記者遂慌張告別。乃同日本

官警等，乘汽車赴收容所。一路上並不見戒備，及不穩情況。不料車近收容所地方，反見日本軍警大隊武裝戒備，森嚴如臨大敵。車到門前，即見院內無數僑胞，被害的男女老幼，破頭瘸腿，折臂瞎眼者，令人酸鼻，目不忍覩。旋由日本門警引至一室，不見僑胞中有來談話者，仲剛即要求會見災民中之商會幹部，及黨部同志。日人不得已，始將商會會長孟憲詩等十餘人，派通華語之軍警送來。吾等相見，默然瞠視，不能一言，即全體相抱痛哭，不能成聲。後經仲剛隨泣隨說，強發數語，謂吾等係奉張總領事及商會主席黨部委員之命前來慰問，並願調查僑胞被害情形，鮮人暴動真象，以備作請求政府嚴重交涉之資料。乃勸孟會長止泣，詳細報告。彼云事前，吾因事羈留安東，風聞鮮人有不穩之信，急劇回平壤，要求平壤日方警察負責保護，日本警官曾謂不必驚慌，必能擔保平安無事。當晚九時，即有多數朝鮮青年，大起暴動，手持長棍、短刀、石塊、磚頭，遇華人即殺傷、毒打。遇華戶，即搗毀、焚掠。有打哨以下令者、有喊口號嗾使者，大叫『打死胡人』。胡人者，鮮人罵華人之語也。華人遇之者，無一幸免。所有華戶未剩一家。據彼等事後調查，被日警強拘至此者五千一百一十二名。市內被搗毀者，五百餘家。輕重傷者，男女老幼，共五百餘名。被打殺而死者，二百十六名。不知下落者，不計其數。甚至剖腹剜心，肝腸狼藉，雖襁褓小兒，亦所不免，竟至劓鼻割耳。吾等在鮮數十年，財產數十萬，從未得罪一人。當暴動之初起時，有數鮮人擬將吾等幽藏保護。日警不

惟不許,且不准吾等攜帶財物,僅剩隻身拘至此處,在
露天受苦。不但不能自由行動,即內外消息完全隔絕。
暴動時間,亘二日之久,行兇數次之多,日警毫不干
涉。及至華僑全滅之後,日本軍警始出戒嚴。談至此,
日警不准繼續發言,孟等又放聲大哭,不敢再說。仲剛
遂要求日警准許全體難民會見慰問,日警諉以地狹不能
召集,仲剛不可,乃召集難民領袖五、六十人談話。仲
剛尚未發言,全體代表即放聲痛哭,仲剛不知所云,憤
痛交集,即自掌頰數下,表示身為保僑官吏,竟使同胞
受苦如此,不能自盡職責,慚愧無地,請同胞特別原諒
吾等無絲毫警察權利之苦衷。復告慰受災僑胞數意:

一、 此次吾僑胞所遭慘禍,為舉世文明國家所不及料。
在這所謂文明法治國之日本統治範圍之下,竟有
如此大慘殺暴行事件發生。我不知日本警察都到
那裏去了。故對此次有計劃的大慘殺案,吾等不
問亡國的朝鮮人,要向日本國家嚴重交涉耳。

二、 我們東洋精神,素重博愛,講大同主義。此次慘
禍竟殺及多數無知乳兒。實為東洋道德破產至於
絕境。吾輩不但為朝鮮民族羞,不但為統治朝鮮
的日本官民羞。且為我東洋文明中心之中國人民
引為不幸也。

三、 此次慘禍,吾等不必懷恨大日本帝國,應當感謝
大日本帝國的教訓吾等弱肉強食,有強權無公理
之自強學說。吾等此次之大犧牲,算是覺悟之代
價。事已至此,希望諸君不必作赤手拼命之想,
既然無抵抗於前,只有任憑日本人生殺予奪於後,

待本國政府、中國國民黨、華商商會以及世界各
文明國家之同情援助與交涉而已。

仲剛演說時，日警強止三次。但仲剛以事已至此，尚
不准本國官吏說一兩句引咎的話，真是豈有此理，遂
不聽蠻橫之制止。仲剛說畢，鄭同志擬以中國國民黨
代表資格發表意見，日警終未允許。繼到各處巡視，
遙見千餘女同胞提抱三百餘名之嬰兒，哭作一團，向
仲剛等蜂擁而來，牽曳余等大呼救命，吾等赤手空拳，
惕然心傷，相與痛哭，洒同情之淚已耳。日本軍警見
此光景，恐出大禍，遂行非常召集，作預備放之姿勢，
包圍吾等不准再哭，甚至有以楚托亂打婦女孺子，不
准再哭者，所幸畢君機警，於人聲嘈雜之中，偷攝慘
狀數片，可作日後交涉之參考，最慘者不但一般農工
大受虐待，即商會會長以下各幹部人等，亦須在草棚
內濕地上睡覺吃黏飯團也。二十餘年血汗苦心所積蓄
之財產，一旦損失淨盡，尚須受此大苦。尤難堪者，
即須代表受災僑胞向日本方面道謝也，吾等正在巡視
急切之際，忽有道廳職員來邀吾等到道廳談話，否則
不能自由視察矣。吾等不得已，乃至道廳，當吾等乘
車時，商會幹部有一人擬同往見道知事，竟被日警拉
回。吾等到道廳，見日本人均現驚慌之色，而故示鎮
靜之態，及見道知事內務部長警察部長，吾等氣憤填
胸，不知所云，彼等向吾等道勞，吾等亦以多忙報之。
厥後該內務部長聲色俱厲，質問吾等為何激起難民興
奮，仲剛遂大聲告以難民因在外國，受外人無故的慘
殺，見了本國官吏，如見父母，焉有不哭訴委屈之理，

至於吾輩乃主持公理正義，貴國似不必過問，免再生
出惡感。彼等遂聲色緩和，大報保護僑民之功，復將
道廳告示給吾等看，然亦不過一激怒朝鮮人慘殺華之
檄文耳。彼此談話未了，道知事已暗令人預備西餐。
吾等見席已設妥，乃強行告辭。吾等告以吾同胞均在
收容所內受罪，吾等為慰問而來，焉能在此享樂，且
恐貴國官廳有行賄之嫌，反不美也。彼等仍不敢再留。
我等辭出，又被日本新聞記者包圍，詢以此來有何感
想，仲剛答以「只有一言野蠻行為而已」。彼等又硬
拍一照，吾等更請日警帶吾等到郊外大同警察署管內
墓地，向被殺死之僑胞行禮，而日警頗有難色。經吾
等要求再三，彼遂允先帶赴平壤醫院，然後再赴塋地，
吾等乃先至醫院，見受害僑胞負重傷者，男女二百餘
名，兒童三、四十名，頭部均有重傷，無能活者。正
視察之際，在吾等眼前死去二人，其慘狀難以言論，
出院即乘汽車赴墓地，不料汽車故意失路，繞行二十
餘里，見僑胞菜園均被搶竊，茅屋亦被焚毀，諸種慘
狀，最足以證明日本人之陰謀者，即在大同郡廳之隔
壁，大同警察本署之西鄰，中國之大粉房及醬園，亦
均焚掠一空，不知日本當局何以自解也。耗數小時，
始至塋地，見日警數十人，幫助朝鮮工人，倉卒掩埋
死屍，見吾等至，故示慈悲，謂鮮人暴徒太可惡，
打死的人亦太可憐，幸經日本官署擇此地埋葬，雇工
修墓。仲剛詢及已埋者幾人，答曰「不多不多，不過
九十餘人耳。」再詢殺死兒童幾人。答曰：「不過五、
六人耳。」嗚呼！據日本人報告已有如許之多，況其

實數，不問可知，曾憶庚子之役，中國人僅殺日本書記一人，至惹起八國聯軍，共謀我國之大禍，今則慘殺如是之鉅，竟無一國出而代鳴不平耶？日人所謂修墳者，不過埋五、六個叢葬的肉丘墳罷了。吾等向墳行了四鞠躬，哭了數聲，由鄭同志禱告了兩句，勿忘日本帝國主義之仇，由畢同志攝影，以留紀念。折回市內，到中華商會視察，不但商會全部被暴徒搗毀、粉碎，並將國旗及領館護照亦被撕為若干屑片，總理遺像踐成亂紙，黨旗血痕斑斑，黨牌劈成兩段，蓋因黨部即附設在商會之內也。吾等拍照，日警竟以朝鮮暴徒又來襲擊相恫嚇，可笑孰甚？吾等固願尋死者，嚇何益耶？吾等終拍照而出。乃乘車回京城，報告吾等對於此次視察結果。結論曰：此次之大慘殺，完全在日本統治之下由有計劃的演成者，其慘毒為亘古所未有，較尼港之巴魯機殘團，尚野蠻百倍，文明國之舉動，固如是也！號稱親善友愛，固如是也！言念及此，令人心悸。吾全國國民其鑑諸，世界各國國民其鑑諸。（被拘五千二百難民中，有九百名婦女及兒童，因恐慌太甚，由難民代懇日警准被等回國，以安其心，日警亦不允可，追述於此）。

中華民國駐朝鮮總領事館主事　　　李仲剛
中國國民黨駐朝鮮直屬支部執行委員　鄭維芬　同報
京城中華商會代表　　　　　　　　畢翰序
中華民國二十年七月十日

駐朝鮮張維城總領事呈外交部文

民國廿年七月廿八日

呈為呈報事，查仁川鮮人暴動之初，職領即親往該處交涉（談話摘要另錄），業經另文呈報在案，嗣後連日由長途電話飭令該處蔣主任文鶴交涉，撫慰並調查一切損害，十二日（星期日）職領辦理本館公務畢，於下午四時許前往仁川，督同蔣主任文鶴，商會傅主席維貢等巡視中國街及各處，以內外里及府外被害為最重，華商店舖門窗器具均被擊毀，門前似有煤油臭味，而鄰日鮮商店毫未殃及。據報此次係有組織的排華舉動，且有焚毀計劃等語。後至華商商會召集避難華僑，報告本館交涉經過及鈞長注意撫慰嚴重交涉情形，聽者動容，甚至感極而泣。報告畢，即同商會負責人員妥商善後事宜，即晚回漢城，二十日又陪同汪公使赴該處實地調查，計已死者二名，重傷者二名，輕微傷者二十餘人，直接損失在日金九萬元左右，除據情另文詳報外，謹將職領辦理仁川暴動事件經過情形，備文呈請鑒核備案，並指令祇遵，實為公便。謹呈外交部部、次長。

駐朝鮮總領事　張維城

二　旅鮮僑民被迫返國

威海衛管理公署致外交部電

民國廿年七月三十日

南京外交部長王鈞鑒：關於十四日以前，旅鮮僑胞回國情形，業於篠日電陳在案。查十五日利生輪由烟轉載僑胞一百八十人，係自平壤動身，均在威地登岸，十七日利通輪由仁川載來僑胞一千一百人，在威登岸三百七十五人，二十日三十六號共同丸載來僑胞一千二百人在威登岸，三百五十六人，原籍魯境各地，當經本署招待所分別遣令回籍，並據僑胞張聘三報稱，我國王京領事館翻譯李仲綱由王京前往平壤調查時，發見一浴池內慘殺僑胞七十一人，割嘴剖腹，斷腿折臂，種種慘狀，不忍卒睹，並謂鮮人掘溝五道，各長三丈，寬六尺，將僑胞綑縛一處，填入溝內，至今凶殘未已。外島華僑確聞已被攔阻，不准回國。又據顏慶海錢永長等報稱，日人於暴動前，私散傳單，唆使鮮人毆打僑胞，其不服從者一併毒打，亦有冒穿鮮人服裝，槍殺僑胞者，再日警於白晝名為保護華僑，勒令不准回國，贵惩恿鮮人，屠殺僑胞，屍骨推江，隨波飄流等語。除繼續調查報告外，謹先電聞。徐祖善叩，漾，印。

第十二節　中村事件

一　中村事件真相

東北外交研究委員會致外交部公函

民國廿一年二月十八日發廿四日收

逕啟者，查二十年六月間日軍部密派大尉中村震太郎，冒黎明學會幹事，暗赴興安屯墾禁止外人遊歷區域，偵查軍事致死一案，日方宣佈種種謠言，都非事實，茲將該事件真相開具節略，送請查收，用備交涉參考，相應檢同節略一份，函請查照。並希賜復為荷，此致外交部。

計附中村事件節略一份。

委　員　長　　張學良

主任幹事　　王卓然

中村事件節略

查民國二十年六月間，有日人自稱黎明學會幹事、農學士，中村震太郎，帶同日人井杉延太郎，及姓名不詳之白俄人一名，蒙古人一名，持日發居留民護照，藉遊歷之名，行軍事調查之實（詳見日人筆記錄），由博克圖經過興安嶺各地方，於六月二十六日，到達佘公府，欲由駐軍操場邊通過，第三團連長王秉義見其行跡可疑，攔阻盤詰，索驗護照，因無中國護照，又言語支離，乃引致團部，訊係遊歷遇匪追逃至此。該團恐該日人等受匪害，乃留住團部，候請示上官，意在保護出境，因團內飯食粗劣，乃請該日人等，到街市飯館食飯四

次，且有官長陪食。直至二十七日下午，全以外賓看待。迨傍晚，團長關瑞璣查防歸來，細加判斷，始疑該日人等為奸細，乃下令檢查其身體，竟由褲內搜出日俄文軍用地圖兩張、日記二本，筆記錄三張、現洋票一百一十九元、金票兩元，一經閱其日記，多係記載調查將來軍事上應用各項，知為偵探無疑，即向屯墾公署請示辦法，即傳令勿再視為賓客，略加看守，而仍飭優待。迨夜深人靜時，守兵因困倦睡去，該日人等竟乘隙由團部後脫逃（團部後無圍牆），守兵醒時，見日人等不在，遂即喊告，被看守人全逃，一齊出追。愈時，即聞北山方向，有槍聲一陣，後乃寂然，追兵亦未歸營，該管連長傅長春乃派事務長郭德昌，率兵向槍聲來處搜索，因有月光，即在東北山下，發現日人等屍身，始知追兵因擊斃外人，畏罪潛逃。該連長又派兵分路追捕逃兵，卒未獲一人，乃歸報團長。該團長以誤殺外人，恐惹起國際交涉，為卸責起見，乃命將屍體就近焚毀，連同馬匹及攜帶一切物品，除地圖、日記、筆錄外，一律焚毀，並將骨灰投之河內，以滅形跡。該團內外嚴守秘密，亦未報告上官，嗣於八月間，日林總領事，訪臧主席及榮參謀長，面稱有日本中村大尉在興安嶺區被害，請予調查等語，當時派軍署副官李大錚、關超羽，法官吳瑞綺，憲兵司令陳興亞等，前往該區詳密調查。報告情形，與上開完全相符，乃將事件責件團長關瑞璣撤差，監押東北憲兵司令部內，擬從嚴訊辦，並由榮參謀長，將該事件真相，及中村日記本，日俄文地圖，日記筆錄等件，提示

日本森岡領事查閱，商洽交涉。森岡當時曾擬將中村日記本，日俄文地圖，日記筆錄等件索回，以該附件等，關係重要，未准所請；詎料九一八事變時，該附件在軍署存放，同時失去，關團長亦趁日軍進城，脫監逃去。按查此案，中村未領我方護照，擅入禁止外人遊歷區域，及被監視，又私自脫逃，情弊顯然，士兵無識，追捕誤傷斃命，實出我方意料之外，至該中村等，所攜款項，原有日記賬單出入結存可查，與我方搜得數目，完全相符，合併陳明。

東北外交研究委員會送

二　輿論一斑

論中村上尉事件

（民國二十年八月二十三日北平晨報）

本月十八日，日本東京、大坂各地新聞，同時登載日本政府所發表之中村上尉遇害事件，欲藉此挑動日本民眾對華惡感，無端加以虐殺之名。吾人為糾正其謬誤，先譯錄原文於左：「陸軍步兵上尉中村震太郎及前騎兵伍長井杉延太郎，奉參謀本部之命，偕同昂昂溪之昂榮旅館主人伊木延太郎暨俄國、蒙古人各一名，一行共五人，攜帶中國護照，於六月上旬，經由哈爾濱，就視察興安嶺之途。中村一行，原擬兩個月，即行歸還；但出發後，消息杳然。當由哈爾濱特務機關派遣調查員三名，前往搜查。據確實報告，中村一行由中東路西線博克圖站附近出發，經濟泌川上流之蘇鄂公爺府，雇馬三匹，滿載食糧，前赴洮南。六月

二十七日左右，到達洮索鐵路終點葛根廟附近之蘇鄂公爺廟（民安鎮），一行在該處飯館用膳中，突有興安屯墾隊第三團所屬官兵數名，進館檢查，命令中村一行立即停止旅行。中村一行雖出示護照，亦無效果，竟被拘捕。隨身手鎗六挺，及一切衣類，悉被掠奪。未經提示任何理由，竟將中村一行，綁赴該兵營後之山林中鎗斃。七月一日，復在露天場所堆積木材，焚燒屍體。兵士等朋分遺款，致啟爭端。有一中國軍人將此事實密報日本搜查隊；並謂沒收之手鎗，係日本最新製品，中國軍隊中無人明瞭使用方法云云，此更足以證明虐殺之事實。」

日本各報又揭載陸軍方面要人談話，辭甚憤慨，暗示茲事將成為中日兩國間之重大交涉。據大坂朝日新聞所載，當中村一行遇害消息傳出後，關東軍司令部主用兵力調查真相，事為外務省所阻，乃罷。又聞中村原領護照，係以教育家名義，前往研究歷史地理，是以外務省於提出交涉之前，曾主張仍用護照原書職業，不必改為軍人身份；唯陸軍方面極力反對，外務省始容納其意見，於十七日命令駐遼寧林總領事向省政府主席臧式毅氏正式提出抗議。大坂朝日新聞十九日於「中國官兵之暴虐」題目之下，主張嚴重交涉，並謂此案與最近所發生之英人輻朋案，同一性質，應以日本國民名義，糾彈中國之非法。

中村事件真相如何，據遼寧省府主席臧式毅氏答復林總領事，謂省政府並未接到此項報告，究竟有無其事，須俟調查後，再行核辦。吾人姑就日本政府所正式發表

者，已覺應加反駁之點甚多。第一，首應調查者，為中村一行護照問題。日本政府謂中村確領有護照，但其護照是否用中村本名，大有疑問。按照現行條約，外人未攜帶護照，旅行內地，中國政府無保護安全之責任。即有護照，而護照上所書之姓名職業，係屬偽造，則中國政府應立即嚴加追究，更談不到保護問題。今所得知者，則中村縱有護照，而護照上所書之職業為教育家，旅行之目的，在研究歷史地理。是中國政府按照國際慣例，所負保護責任，僅為護照上所明定之範圍，果發現其非教育家，而旅行目的，軼出研究史地範圍以外，或竟有密探國防之行動，則中國政府行使獨立國家之主權，當然應加以阻止或處罰，再進一步言，中村護照之姓名職業，盡屬相符，而於出發旅行之時，亦應將其路線，及沿途滯留期間，由當地領事，通知地方當局，中國政府始有保護之方法。若中村一行未曾履行此項必要手續，顯屬違背慣例，不能不謂為其自身所造成之重大錯誤，又豈能於事後以此詰責中國政府？故吾人以為中村護照問題。應先查究。茲事判明，一切爭端，皆可迎刃而解。

第二，中村是否遇害，亦大有研究餘地。據日本政府所言，則彼等一行，於六月上旬由哈爾濱出發，預定兩個月歸還，扣計至現在，為時不過七十日，興安區域，乃初闢地帶，交通自形不便。不特旅程展長，事所常有，即途中通訊，亦必稽延。在未經過相當時期之前，似未能遽斷其必已被害。況中村一行路線，日本政府既未得其本人報告，何以知其曾至蘇鄂王爺廟？

又何以知其確在該地遇害？所謂中國軍人因分款不均，憤而告密，又安保其不因受特務機關之重賄，竟作虛偽之陳述？且據日方另一報告，則謂為蒙古人告密。事出兩岐，尤難置信。所謂中國軍人，果係誰氏？所謂蒙古人，有無姓名？凡此重要關鍵，何以日本政府秘不發表？今姑假定中村一行確係被害，而日本政府何以知其確為中國軍隊所槍斃？所述槍斃及燒屍情形，果係何人目擊？興安區域，雖有屯墾軍隊維持治安，但地廣人稀，恆有經過二、三日之路程，杳無人烟者，則偶有鬍匪出沒，亦屬意中事。中村一行如未通知路線，及請求地方當局保護，則於深山曠野之中，遭遇鬍匪，抵抗結果，竟被殺害，亦大有可能性，安能妄斷為中國軍隊所槍斃？日本政府於未得確實證據之前，捏造事實，輕下斷語，用意何在，不言自明。

第三，興安區為我東北國防要地，設計布置，在或程度以內，頗有秘密必要。日本參謀本部派遣中村上尉秘密調查，顯有野心。中村縱有護照，亦隱匿其軍人身分，以教育家研究史地名義，冒領護然，潛入內地，已為日本政府所自白；果無所疚於心，何所用而隱瞞其真正職業？月前美國兩飛行家，因未照指定航線飛行，竟在軍事要塞天空翱翔，且攝取相片，致受控訴，依法處罰。今中村一行是否尚在人間，雖無確報，如果將來發現其仍潛伏我邊區，則對於日本政府應為冒領護照，探取國防秘密之嚴重抗議。日本對我之鬼蜮行為，多不勝舉，中村一行，特其若干萬分中之一。日本乘鮮萬兩案尚未解決之際，故意捏造中村事件，

以資對抗。觀其政府所發表之文字，報紙所刊載之議
論，顯欲以莫須有之事，坐我以虐殺之罪名，用意之
深，居心之險，可謂極古今中外之毒辣矣。我國對於
本案固當求其真相之明瞭，對於鮮案，更不可因此而
鬆懈。吾人所以不憚縷述者，正為此耳。

民國史料 08

近代中日關係史料彙編：
國民政府北伐後中日外交關係

Historical Documents on Modern Sino-Japanese
Relations: Sino-Japanese Relations After the
Northern Expedition

編　　者　民國歷史文化學社編輯部
總 編 輯　陳新林、呂芳上
執行編輯　林育薇
封面設計　溫心忻
排　　版　溫心忻、盤惠秦

出 版 者　🛡️ 開源書局出版有限公司

　　　　　香港金鐘夏愨道 18 號海富中心
　　　　　1 座 26 樓 06 室
　　　　　TEL：+852-35860995

　　　　　🌸民國歷史文化學社

　　　　　10646 台北市大安區羅斯福路三段
　　　　　37 號 7 樓之 1
　　　　　TEL：+886-2-2369-6912
　　　　　FAX：+886-2-2369-6990

銷 售 處　源流成文化股份有限公司
　　　　　10646 台北市大安區羅斯福路三段
　　　　　37 號 7 樓之 1
　　　　　TEL：+886-2-2369-6912
　　　　　FAX：+886-2-2369-6990

初版一刷　2019 年 10 月 31 日
定　　價　新台幣 330 元
　　　　　港　幣　85 元
　　　　　美　元　12 元
I S B N　978-988-8637-33-1
印　　刷　長達印刷有限公司
　　　　　台北市西園路二段 50 巷 4 弄 21 號
　　　　　TEL：+886-2-2304-0488